Abhandlungen des kriminalistischen Seminars
an der Universität Berlin.

Neue Folge. Siebenter Band. 2. Heft.

Der erste Entwurf

eines

Deutschen Einheitsstrafrechts.

2. Der Vorentwurf zum ersten Deutschen Einheitsstrafrecht.

(Mit erstmaliger Herausgabe des preußischen Entwurfs 1848.)

Von

Waldemar Banke.

Berlin 1915.

J. Guttentag, Verlagsbuchhandlung,

G. m. b. H.

Fortsetzung s. Seite III d. Umschlags

Abhandlungen

des

kriminalistischen Seminars

an der Universität Berlin.

Herausgegeben

von

Dr. Franz v. Liszt,

ord. Professor der Rechte zu Berlin.

Neue Folge. Siebenter Band.

Berlin 1915.

J. Guttentag, Verlagsbuchhandlung,

G. m. b. H.

Inhalt.

Abhandlungen

des

kriminalistischen Seminars

an der Universität Berlin.

Herausgegeben

von

Dr. Franz v. Liszt,
ord. Professor der Rechte zu Berlin.

Neue Folge. Siebenter Band.

Der erste Entwurf eines Deutschen Einheitsstrafrechts.

Waldemar Banke.

2. Heft: **Der Vorentwurf zum ersten Deutschen Einheitsstrafrecht.**

Berlin 1915.
J. Guttentag, Verlagsbuchhandlung,
G. m. b. H.

Der erste Entwurf

eines

Deutschen Einheitsstrafrechts.

2. Der Vorentwurf zum ersten Deutschen Einheitsstrafrecht.

(Mit erstmaliger Herausgabe des preußischen Entwurfs 1848.)

Von

Waldemar Banke.

Berlin 1915.
J. Guttentag, Verlagsbuchhandlung,
G. m. b. H.

Herrn

Geh. Justizrat Prof. Dr. Franz v. Liszt

in dankbarer Verehrung.

Vorwort.

Die erste Anregung zu den Nachforschungen nach dem verschollenen „Entwurf eines allgemeinen deutschen Strafgesetzbuchs vom Jahre 1849" gab v. Liszt im kriminalistischen Seminar zu einer Zeit, wo Untersuchungen strafrechtsgeschichtlichen Inhalts sehr selten waren. Seither haben sich Anzeichen feststellen lassen, welche darauf hindeuten, daß die gegenwärtige Zeit für die Ausdehnung der auf so vielen anderen Gebieten bereits nachdrücklich betriebenen Geschichtsdarstellung auch für das Strafrecht gekommen ist. Seit Fertigstellung des preußischen Strafrechts und der damit verbundenen Geschichtschreibung ruhte die Strafrechtsgeschichte als Ganzes, und nur insoweit, als strafgeschichtliche Entwicklung einzelner Rechtsnormen in Monographien in Frage kam, fand sie Berücksichtigung. Abgesehen davon, daß uns somit eine Geschichte des deutschen Strafrechts fehlt, bildet das einzig grundlegende Werk deutscher Strafrechtsgeschichte die Darstellung deutscher Strafgesetzgebung von Berner [1]), welche den Zeitraum von 1751 bis 1867 berücksichtigt. Soweit nun das preußische Strafrecht in Frage kommt, ist aber auch Berners Untersuchung nicht ganz vollständig, da sie lediglich den Beginn der preußischen Revisionsarbeiten, und zwar auch hier nur die zum Gesetz gewordenen Verordnungen, berücksichtigt, um alsdann sofort den ganzen Zeitraum von der Wende des 19. Jahrhunderts bis zum Jahre 1826 zu überspringen. Berner schließt sich damit der „aktenmäßigen Darstellung" des Justizministers v. Kamptz an, welcher mit gutem Grunde diesen Zeitpunkt als den Beginn einer in sich abgeschlossenen Periode der Gesetzgebung betrachtet.

---

[1]) Berner, Die Strafgesetzgebung in Deutschland. Leipzig 1867.

Wie aber in der früheren Geschichtschreibung der Zeitraum von 1848 bis 1851 unberücksichtigt geblieben ist, so hat sich bei den durch v. Liszt veranlaßten Untersuchungen herausgestellt, daß auch das Jahr 1847/48 gesetzgeberisch außerordentlich fruchtbar gewesen ist. Während der erstgenannte Zeitraum sehr wertvoll für die Geschichte eines deutschen Einheitsstrafrechts wurde, findet sich nunmehr, daß in den letztgenannten Jahren die grundlegenden Arbeiten zu einer Neugestaltung des preußischen Strafrechts geliefert wurden. Man wird die im ersten Heft dieser Darstellung bereits angedeutete Tatsache, daß in dieser Zeitspanne in der Hauptsache das Eindringen des französischen Rechtes zu suchen ist, nunmehr dahin präzisieren können, daß der neu herausgegebene [1]) preußische Strafrechtsentwurf von 1848 die erste Verkörperung des verschmolzenen französischen und preußischen Rechts darstellt.

Einmal in diese Bahn gedrängt, ging die Untersuchung bis auf die Quelle der Gesetzgebungsarbeiten zurück und fand hier, daß bereits um die Wende des Jahrhunderts so umfangreiche Arbeiten fertiggestellt waren, daß sie meines Erachtens nicht unberücksichtigt im Gesamtbilde bleiben durften.

Dem großen Entgegenkommen, welches das Justizministerium den Untersuchungen entgegenbrachte, schloß sich die gleiche Bereitwilligkeit des Kgl. preuß. Geh. Staatsarchivs sowie des Geh. Staatsarchivs Hannover an. Besonders bin ich zu Dank verpflichtet dem Leiter der Generalregistratur der Zentralverwaltung des preußischen Justizministeriums, Herrn Rechnungsrat Lindeholz.

---

[1]) Siehe unten Anhang S. 162 ff.

Inhalt.

I. Teil. Strafrechtsgeschichte.

II. Teil. Der Vorentwurf zum Einheitsrecht.

Einleitung.

„Da die Gesetz-Revision bis jetzt fast ausschließlich in dem mit derselben beauftragten Justizministerium und nur zu einem sehr kleinen Theile in den ferneren Stadien erfolgt ist, so beschränkt die Geschichte der Gesetz-Revision sich auch nur auf die ministerielle."

(v. Kamptz, Aktenmäßige Darstellung der preuß. Gesetz-Revision S. 69.)

Die Schwierigkeiten einer Geschichtsdarstellung bei fehlender historischer Distanz liegen allgemein auf der Hand. Es ist bekannt, daß der Geschichtschreiber nur von der überhöhten Warte des späteren Zeitpunkts die Ereignisse gleichsam aus der Vogelschau in der Projektion zu sehen vermag. Nur die gesamte Zusammenfassung des Gesichtsfeldes vermag die Erkenntnis eines Bildes zu verschaffen, und nur die Dinge im Ganzen gesehen geben einen Zusammenhang derselben. Daraus geht hervor, daß man aus einem geschichtlichen Entwicklungsgang niemals ein einzelnes Ereignis herausnehmen und in seinem Verhältnis zum Ganzen betrachten kann, da dadurch ohne weiteres der Zusammenhang des Geschehens zerrissen wird. Eine solche Stichprobe vermag zwar das einzelne Ereignis für sich richtig darzustellen, muß aber zu diesem Zweck alle hierfür in Betracht kommenden Faktoren selbst untersuchen, wodurch aber nur eben dies Geschehnis darstellbar wird. Es wird stets sozusagen die Schilderung eines historischen Augenblicks, niemals aber die Darstellung einer geschichtlichen Entwicklung sein können.

Es bedarf keiner Erläuterung, daß eine Entwicklung die fortlaufende Reihe von Schritten bildet, deren nachfolgender niemals ohne den vorangegangenen möglich ist. Greift man also einen Abschnitt einer Entwicklung heraus, so muß die Schilderung desselben stets ein in sich abgeschlossenes Ganzes bilden, wobei aber niemals eine Berücksichtigung der gesamten, für die Entwicklung selbst maßgebenden, grundlegenden Faktoren fehlen darf. Nur die Kenntnis aller dieser Umstände vermag ein richtiges Bild des Geschehens zu vermitteln.

Die Grundzüge dieses Gedankengangs sind bereits im ersten Heft dieser Darstellung in der Einleitung [1]) niedergelegt. Wie sehr dieselben am Platze waren, ergibt sich aus einem Mißverständnis, welches Clemens in seiner Untersuchung „Unterlassungsdelikte im deutschen Strafrecht von Feuerbach bis zum Reichsstrafgesetzbuch" untergelaufen ist. Ohne auf die einzelne Darstellung schon jetzt einzugehen, welche dem ersten Teil der vorliegenden Abhandlung überlassen bleiben muß, sei bereits hier erwähnt, daß Clemens bei seinen Feststellungen, in denen er v. Liszt angreift, nicht im Besitz des gesamten in Betracht kommenden Materials gewesen ist, ohne welches, wie an der angegebenen Stelle hervorgehoben wurde, bereits Berner scheiterte.

Clemens erwähnt in seinen Untersuchungen [2]) das Geheime Staatsarchiv als Fundort eines von ihm angeblich neu entdeckten [3]) preußischen Strafrechtsentwurfs von 1804/05. Im ferneren zieht er zwei Entwürfe an, welche von der sogenannten Immediatkommission und dem Staatsrat geschaffen worden sind. Und dann führt er noch einen Entwurf des preußischen Justizministeriums auf, welche er alle als gleichberechtigt nebeneinanderstellt, wodurch er die gesamte Darstellung ohne Notwendigkeit kompliziert.

Der grundlegende Irrtum bei seiner Feststellung des — übrigens bereits bei v. Liszt [4]) als Entwurf 3 und 4 erwähnten — Entwurfs liegt darin, daß sich Clemens auf Akten beruft, welche er im Geheimen Staatsarchiv gefunden hat [5]). Rein archiv-tech-

---

[1]) Abhdlg. d. krim. Sem. N. F. Bd. VII Heft 1. Einleitung a. A.

[2]) a. a. O. S. 1.

[3]) Von mir bereits 1906 gefunden und im ersten Heft aufgeführt a. a. O. S. 22 a. A. Vgl. unten S. 20.

[4]) Lehrbuch d. deutschen Strafrechts. 16./17. Aufl. S. 31 u. 32.

[5]) Es sei für die ganze Sachlage bemerkt, daß naturgemäß kein Dritter ohne Kenntnis der mir zugänglichen, unten jedesmal angezogenen, Akten zu den Fragen Stellung nehmen konnte.

nisch muß hervorgehoben werden, daß das Kgl. preuß. Geh. Staatsarchiv lediglich den Zweck verfolgt, als authentischer Aufbewahrungsort von Akten zu dienen, welche von anderen Staatsbehörden als nicht mehr gebraucht abgelegt worden sind. Es handelt sich hierbei sehr häufig um Schriften oder Duplikate, welche aus irgendeinem Grunde nicht in den Zusammenhang der übrigen, nicht abgelegten, Akten gehören. Zu diesen Aktenfaszikeln rechnet nun auch der Band, welchen Clemens als einzigen im Geh. Staatsarchiv hierüber vorgefunden hat [1]).

Daß diese meine Darstellung nicht unwesentlich ist, geht aus der am Kopfe dieser Einleitung angeführten Bemerkung des Justizministers v. Kamptz hervor [2]). An der erwähnten Stelle gibt v. Kamptz eine klare Übersicht über das gesamte Arbeiten des Gesetzgebungsapparates. Wenn auch an dieser Stelle von ihm lediglich die Arbeiten seit dem Jahre 1826 gemeint sind, so haben sie doch für die gesamten Revisionsarbeiten einer Gesetzgebung grundlegende Bedeutung. Nach ihm ist das Justizministerium, was ohne weiteres einwandfrei erscheint, die erste und einzige Instanz, welche die ursprünglichen, erschaffenden Arbeiten zur Hervorbringung eines Gesetzes ausführt. Damit ergibt sich ohne weiteres, daß aus diesem Grundstock heraus laufend alle Arbeiten entstanden sind, so daß eine Darstellung, welche beabsichtigt, eine Geschichte der Gesetzgebung zu schaffen, eine fortschreitende Schilderung der Arbeiten dieses Justizministeriums sein muß.

Da nun aber zu einer Rechtsentstehung noch andere Faktoren, staatsrechtliche und wirtschaftliche, mitzuwirken haben, müssen hierbei auch diese berücksichtigt werden. Es liegt auf der Hand, daß die ersten Arbeiten die rechtschaffenden sind, während die weiteren Faktoren lediglich mitwirkende, d. h. rechtsumbildende, darstellen. Unter diesen Gesichtspunkten betrachtet, bietet die Schilderung der Entstehungsgeschichte eines Entwurfs dann keine Schwierigkeiten, wenn man die Trennung der mitwirkenden Faktoren ein für allemal vornimmt, nachdem sie in ihrem Wesen grundlegend bezeichnet sind. Die Dar-

[1]) So geht wenigstens aus der beim Geh. Staatsarchiv geführten und von mir eingesehenen Bestellerliste hervor.

[2]) Aktenmäßige Darstellung S. 69.

stellung des Justizministers vom Wesen der Gesetzgebung ist anscheinend Clemens entgangen, da er sonst nicht der Ansicht sein könnte, daß die Arbeiten des Entwurfs 1843 als kompliziert anzusehen seien. Kommt man nun zu diesem Resultat, so wird man die praktischen Unterlagen zu der Darstellung des Entwicklungsganges der Arbeiten anderswo suchen müssen, als Clemens es getan hat. Wie bereits oben hervorgehoben worden ist, bildet der von ihm eingesehene Aktenband ein von dem Justizministerium aus seinen Akten ausgesondertes Faszikel, welches also für uns nicht in Betracht kommt. Maßgebend für die folgende Schilderung sind somit nach dem Vorgange v. Kamptz' für uns nur die Akten des Justizministeriums und, soweit solche überhaupt nebenbei in Frage kommen, diejenigen der besonderen Kommissionen [1]) oder des Staatsrats.

Aber auch hier ist der Sache nicht gedient, wenn, wie im Falle des Entwurfs 1843, lediglich ein einzelner Aktenband zur Beurteilung der Entstehungsgeschichte herangezogen wird [2]), sondern es bedarf auch hier des Zurückgreifens auf die grundlegende Zusammensetzung der für die damalige Zeit maßgebenden Faktoren.

Es sei ferner an dieser Stelle noch eines letzten Mißverständnisses gedacht, welches sich bei den Ausführungen Clemens' vorfindet. Er meint, daß die Entwicklung des Entwurfs 1843 nirgends klar und übersichtlich zusammengestellt sei. Aus dem eingangs erwähnten Ausspruch des Justizministers v. Kamptz und seiner „aktenmäßigen Darstellung" spricht allein schon das Gegenteil. Außerdem aber findet sich bei v. Liszt [3]) eine knappe, einheitliche Darstellung der in Frage kommenden Kräfte mit den grundlegenden Daten. v. Liszt geht sogar soweit, daß er bereits die von Clemens erwähnten drei Entwürfe, welche in einer Zu-

---

[1]) Hervorgehoben sei ausdrücklich, daß die sogenannte Immediatkommission ein Sonderausschuß des Staatsrates war zwecks Vereinfachung der Arbeiten. Vgl. unten: Zusammenfassung S. 28.

[2]) Clemens hat nach Registraturakten des Justizministeriums lediglich den von ihm zitierten Band — und zwar auch nur im Bibliothekssaal, nicht in den Archivräumen — benutzt. Dadurch war ihm das ganze andere umfangreiche Gesetzgebungsmaterial unzugänglich.

[3]) a. a. O. S. 32.

sammenstellung durch den Staatsminister v. Kamptz herausgegeben sind, besonders aufführt. Es ist sogar wörtlich „der sonst nicht gedruckte Entwurf der Immediatkommission, herausgegeben vom Staatsminister v. Kamptz“ genannt. Daß ein Abdruck dieses Werkes sich in den Akten des Justizministeriums wiederfindet, ist m. E. bei der amtlichen Eigenschaft des Herausgebers als selbstverständlich zu betrachten, weshalb die Angabe v. Liszts als durchaus gerechtfertigt erscheint [1]).

Wieder anknüpfend an die durch v. Kamptz erwähnten Grundsätze, fehlt nunmehr noch eine Übersicht der Arbeiten des Justizministeriums, aus welchen die Gesetzgebung von 1851 entstanden ist. Es bedarf kaum der Hervorhebung, daß für eine derartige Darstellung niemals der Raum in der hier bezweckten Abhandlung ist. Sie würde eine umfangreiche Untersuchung über die Entstehungsgeschichte des preußischen Strafgesetzbuchs seit dem allgemeinen Landrecht (äußere Rechtsgeschichte) und eine Geschichte der Rechtsentwicklung für denselben Zeitraum (innere Rechtsgeschichte) bedeuten [2]). Die augenblickliche Aufgabe beruht auf dem historischen Nachweis, daß der Entwurf 1849, das sogenannte erste deutsche Einheitsstrafrecht, ein Bindeglied des preußischen und damit des deutschen Strafrechts ist [3]).

Bei den Untersuchungen über die Entstehungsgeschichte dieses Einheitsrechts hat sich herausgestellt, daß in den Akten des preußischen Justizministeriums ein bisher unbekannter preußischer Strafrechtsentwurf sich vorgefunden hat, welcher seiner ganzen Darstellung nach sich durchaus als Vorläufer des genannten deutschen Einheitsrechts ausweist [4]). Da nun dieser Entwurf 1848 durchaus preußischen Ursprungs ist, und da sich aus seinem Vergleich mit der Dogmatik des Einheitsrechts ohne weiteres ergibt, daß die beiden zusammengehören, muß folge-

---

[1]) Nicht unerwähnt bleibe Berner a. a. O. S. 230 ff.

[2]) Diese Darstellung geschieht in der Untersuchung: „Der Weg zum preußischen Einheitsstrafrecht“. I. Rechtsgeschichte. II. Rechtsentwicklung. (In Vorbereitung.)

[3]) Der dogmatische Nachweis ist versucht im folgenden Heft: „Der Entwurf 1849 als Bindeglied des deutschen Strafrechts“.

[4]) Zitiert bei v. Liszt a. a. O. und abgedruckt im Anhang.

richtig der Entwurf von 1849, also das erste deutsche Einheitsrecht, auf preußisch-rechtlicher Grundlage beruhen. Während nun in dem ersten Hefte [1]) lediglich eine Untersuchung dahingebend angestellt worden ist, daß die anonymen Verfasser des Entwurfs zu ermitteln waren, ist es nunmehr nötig geworden, der Entstehungsgeschichte des preußischen Vorläufers gerecht zu werden.

Es könnte nun genügend erscheinen, einfach den geschichtlichen Zeitraum der Jahre 1847—48 zu untersuchen. Da nunmehr aber im Grundriß die Vorarbeiten zu einer gesamten Darstellung des preußischen Strafrechts abgeschlossen sind, so wird es sich empfehlen, wenigstens an dieser Stelle einen knappen Abriß der preußischen Strafrechtsgeschichte des Gesetzbuchs von 1851 zu geben. Um so mehr, da der Entwurf 1848 der Punkt ist, wo sich die preußische Strafrechtsgeschichte, wie sich aus der ferneren dogmatischen Darstellung ergeben wird, nicht, wie bisher angenommen wurde, vom Jahre 1847 unmittelbar über den preußischen Strafrechtsentwurf von 1851 zum preußischen Gesetzbuch des gleichen Jahres fortentwickelt, sondern, wo sich die preußische Rechtsentwicklung vom Entwurf 1847 über den Entwurf 1848 und über das deutsche Einheitsrecht von 1849 zum preußischen Entwurf von 1851 und damit zum preußischen Strafgesetzbuch fortgebildet hat.

Es ist demnach zweierlei zu unterscheiden: Das deutsche Einheitsrecht vom Jahre 1849 ist eine dogmatische Fortbildung des preußischen Entwurfs von 1848, in der gesamten folgenden Darstellung stets der Vorentwurf genannt, und ist der dogmatische Vorgänger des preußischen Strafgesetzbuchs von 1851[2]). Er ist somit das Bindeglied zwischen dem preußischen Entwurf von 1848 und dem preußischen Strafgesetzbuch von 1851 resp. des Entwurfs 1851. Zum andern erweist sich, wie aus der geschichtlichen Darstellung des folgenden, ersten, Teiles hervorgeht, der Entwurf 1848 als rein preußische Gesetzesarbeit, welche ursprünglich nur für rein preußische Zwecke bestimmt war. Der Entwurf 1848 ist demnach wiederum das Bindeglied zwischen

[1]) Abhdlg. d. krim. Sem. N. F. Bd. VII Heft 1.

[2]) Diesen Nachweis versucht die dogmatische Vergleichung: „Der Entwurf 1849 als Bindeglied des deutschen Strafrechts".

dem Entwurf 1847 und seinem Nachfolger, dem deutschen Einheitsstrafrecht.

Die Kette zwischen dem preußischen vorhergehenden Recht und dem nachfolgenden Strafgesetzbuch ist somit durch den Entwurf des Einheitsstrafrechts geschlossen.

Zum Nachweis des dogmatischen Zusammenhangs bedarf es also nicht nur einer Betrachtung des Entwurfs 1849 im Vergleich zum Entwurf 1848 und dem preußischen Strafgesetzbuch von 1851 [1]), sondern es bedarf überall dort, wo sich gegenüber den früheren Entwürfen Unterschiede finden, auch einer besonderen Hervorhebung. Daß diese, meist in neuen Bestimmungen bestehenden, Unterschiede fast alle aus dem Code pénal entnommen sind, ist schon durch die Bearbeiter des preußischen Strafgesetzbuchs zur Genüge hervorgehoben. Es sei also hier nochmals nur allgemein darauf hingewiesen.

Es liegt nun in Natur und Umfang des Stoffes, welcher auf diese Weise nicht nur die genannten drei Rechte [2]) umfaßt, sondern auch, soweit möglich, die Rechtsentwicklung des Reichsrechts berücksichtigt, daß nur der Versuch eines Nachweises des dogmatischen Zusammenhanges unternommen wird. Wenn die vorliegende Arbeit in der Weise ausgeführt ist, daß Punkt für Punkt die Artikel des Einheitsrechtes in ihrem Vergleich zum Vorgänger und seinen Nachfolgern erörtert werden, so ist damit, wie ausdrücklich hervorgehoben sei, keineswegs versucht worden, eine erschöpfende Vergleichung der gesamten Materie vorzunehmen. Andererseits greift die Darstellung nur in besonderen Ausnahmen über den Entwurf von 1848 auf das preußische Recht von 1847 zurück, da ja nach der geschichtlichen Darstellung der preußischen Entstehungsgeschichte des Entwurfs 1848 [3]) es nicht mehr des Nachweises bedarf, daß die mit dem Einheitsrecht verglichenen Normen des Vorentwurfs preußischen Ursprungs sind. Selbst diejenigen von ihnen, welche nachweislich erst nach dem Entwurf von 1847 in den Vor-

---

[1]) Der letzte preußische Entwurf vor dem Strafgesetzbuch ist unberücksichtigt geblieben, um die Übersicht der dogmatischen Entwicklung nicht zu komplizieren.

[2]) Im Sinne dieser Abhandlung werden Entwürfe, Gesetze und Rechte synonym gebraucht.

[3]) Vgl. auch Heft 1 S. 25 ff.

entwurf aus dem Code pénal aufgenommen sind, haben für unsere Darstellung ohne weiteres bereits als preußisches Recht zu gelten, da ja bereits oben gesagt ist, daß dieser Entwurf vom Justizministerium als preußischer Entwurf für preußische Zwecke gedacht war, und weil dieser Entwurf zweifellos die Grundlage für den preußischen Entwurf von 1851 auch dann abgegeben hätte, wenn der Entwurf des deutschen Einheitsstrafrechts niemals zur Entstehung gelangt wäre [1] [2]).

Es darf schließlich nicht unerwähnt bleiben, daß die nachfolgenden Ausführungen niemals beanspruchen können, zu wissenschaftlichen Kontroversen über einzelne dogmatische Begriffe Stellung zu nehmen, sondern daß stets nur eine Vergleichung der tatsächlichen Bestimmungen zwecks Nachweises ihres geschichtlichen Zusammenhangs und ihrer Entstehung beabsichtigt ist. Und auch dabei muß der überragende Stoff die Entschuldigung der Unzulänglichkeiten abgeben.

I. Teil.

Strafrechtsgeschichte.

A. Allgemeines.

Die Einleitung hat bereits kurz gestreift, daß es eine lückenlose Darstellung der Vorgeschichte des preußischen Strafgesetzbuchs bisher nicht gibt. Die über den Zeitraum eines halben Jahrhunderts ausgedehnten Gesetzgebungsarbeiten haben nur eine einzige Monographie in der „aktenmäßigen Darstellung" des Staatsministers v. Kamptz gefunden. Die sonst sehr eingehenden Schilderungen Berners beruhen in der Grundlage auf der genannten Darstellung. Da nun aber diese naturgemäß in der Hauptsache die Arbeiten der Zeit berücksichtigt, in welcher v. Kamptz als Justizminister an der Spitze der Gesetzgebung stand, und da er nur einleitend die vorangegangenen Arbeiten

[1]) Das allmähliche Eindringen des französischen Rechts in die Entwürfe seit Anfang des Jahrhunderts wird geschildert: „Die Rezeption des französischen Strafrechts." (In Vorbereitung.)

[2]) Die Zählung muß also den Entwurf 1848 den preußischen Entwürfen eingliedern.

seines Vorgängers v. Dankelmann darstellt, sind Berners Ausführungen nur in diesem Punkte erschöpfend. Allerdings zeigt sich auch bei ihm schon ein Anfang in Beschreibung des Ursprungs der Revisionsarbeiten, indem er die Ereignisse der Jahre 1798 bis zum Anfang des 19. Jahrhunderts kurz skizziert. Aber auch für diesen Zeitraum liegt bei ihm keine erschöpfende Schilderung vor, da er in der Hauptsache Rücksicht nimmt auf die zur Entstehung gelangten, die Bestimmungen des preußischen Landrechts abändernden, Verordnungen. Ebenso ist, wie schon das erste Heft [1]) hervorgehoben hat, der gesamte Zeitraum, welcher vor und kurz nach der Revolution des Jahres 1849 liegt, allgemein ohne Darstellung geblieben.

Kurz zusammengefaßt fehlt es demnach an einer Schilderung der Gesetzgebungsarbeiten vom Jahre 1800 bis 1827, ferner der Zeitspanne zwischen dem Entwurf von 1847 und dem Jahre 1851, in welchem der letzte preußische Entwurf vor dem Gesetzbuch entstand.

Eine Geschichte des preußischen Strafgesetzbuchs von 1851 müßte demnach, um einheitlich zu wirken, eine umfassende, gleichmäßige Darstellung der Geschichte der Gesetzgebungsarbeiten des Justizministeriums von der Quelle der Revisionsabsicht bis zu der Publikation des Strafgesetzbuchs enthalten [2]). Es ist aber, soweit es sich um Ausfüllung der bisherigen Lücken handelt, noch der Weg möglich, daß lediglich eine Zusammenstellung der Ereignisse in den bisher nicht berücksichtigten Zeiträumen erfolgt, so daß es sich der Sache nach um ein Entrefilet handeln würde. Naturgemäß müßte eine solche Übersicht in Hinsicht auf die gesamte Strafrechtsschilderung ein Bruchstück bleiben. Die darin liegende Gefahr beruht darauf, daß — wie die Einleitung schon erwähnte — stets nur ein Segment der Geschichte betrachtet werden kann, und daß dies dadurch verwirrend wirkt, daß nicht ein für allemal die sämtlichen in Betracht kommenden Faktoren grundlegend geschildert werden können.

Aus diesen Gründen ist der Versuch eines Mittelweges in

[1]) Abhdlg. d. krim. Sem. N. F. Bd VII Het I S. 19 ff.

[2]) Vgl. unten S. 14 ff.

Erwägung zu ziehen. Dieser würde darin bestehen, daß eine Darstellung alles bis jetzt Unbekannten unternommen und daran anschließend oder vielmehr ausfüllend das bisher Bekannte mit aufgenommen würde. Nicht zu verkennen hierbei ist, daß zur Vermeidung einer Wiederholung die bisher bekannten Tatsachen tunlichst kurz dargestellt werden müßten, während das Neue einer eingehenderen Untersuchung bedürfte. Daraus ergibt sich ohne weiteres, daß die Abhandlung einer gewissen innerlichen Gleichmäßigkeit entbehren und einen hinkenden Eindruck machen würde, da einzelne Teile zum Nachteil anderer zu stark betont wären.

An sich würde ein solches Verfahren wissenschaftlich wohl kaum zu rechtfertigen sein. Nur der Umstand, daß v. Liszt [1]) bereits eine kurze, klare Übersicht der in der folgenden Darstellung festgelegten Untersuchungen auf Grund des im Justizministerium vorgefundenen Aktenmaterials gegeben hat, rechtfertigt das Vorgehen insoweit, daß es eine vorläufige Zusammenfassung der bisherigen Untersuchungen vorstellen soll.

Ein Blick auf den gesamten Zeitraum und der Umstand, daß bisher einstimmend das Jahr 1827 als Beginn der gesetzgeberischen Arbeiten betrachtet wurde, läßt es naturgemäß erscheinen, daß man die ganze Zeitspanne in zwei Abschnitte zerlegen kann. Diese Einteilung ist zwanglos und trifft den Kern der Sache, wobei die besondere Betrachtung noch die einzelnen Zeitpunkte zu berücksichtigen haben wird.

Aus dem vorher Gesagten ergibt sich nun ohne weiteres, daß der erste Abschnitt die Periode ist, welche bisher noch keinen Schilderer gefunden hat. Sie wird infolgedessen auch am eingehendsten abzuhandeln sein. Der zweite Abschnitt ist nach dem Vorgange der „aktenmäßigen Darstellung" v. Kamptz' zerlegbar in die Periode seines Amtsvorgängers v. Dankelmann und die seiner eigenen Amtszeit.

Was die erste Periode anbelangt, so liegt hier ein grundlegender Vorgang zugrunde, welcher den ganzen Arbeiten seinen Stempel aufgedrückt hat, und aus dem heraus die sonst auffallend erscheinende Verschiedenartigkeit der Entwürfe zu erklären ist.

---

[1]) v. Liszt, Lehrbuch des deutschen Strafrechts, 16./17. Ausg. S. 31 ff.

Es handelt sich im Grunde genommen um nichts anderes als den bekannten Kodifikationsstreit, welcher bei einer Neubearbeitung eines Gesetzeswerkes, wie das Allgemeine Landrecht, zweifellos außerordentliche Kontroversen hervorrufen mußte. Es versteht sich von selbst, daß hier, wo nur mitwirkende Faktoren in Rede stehen, lediglich die Erwähnung der Vorgänge erfolgen kann, ohne daß ein näheres Eingehen auf die Sache selbst möglich wäre. Es muß genügen, die Schlußfolgerung daraus zu ziehen, daß der ganze Streit den Charakter der Entwürfe nach der Entscheidung im Sinne einer vorzunehmenden Kodifikation endgültig gegen früher verändern mußte.

Dazu kam noch ein Zweites: Die Frage ging, sobald man sich erst über die Notwendigkeit einer Verbesserung des Allgemeinen Landrechts klar geworden war, dahin, ob das gesamte Landrecht in seinem 20. Titel umgearbeitet werden oder ob es bei der Verbesserung einzelner Teile sein Bewenden haben sollte. Diese Erwägung, welche in den Beginn des neuen Jahrhunderts fiel, gab den ersten Arbeiten die entsprechende Richtung, je nachdem die maßgebenden Stellen sich entweder im einen oder dem anderen Sinne entschieden hatten. Maßgebend blieb endlich die Meinung, daß der gesamte Titel einer Umarbeitung unterzogen werden sollte [1]).

Zu alledem kam eine dritte Frage: Sollte das materielle und das formelle Recht voneinander getrennt und gesondert publiziert werden, und ferner, war es möglich, das eine ohne das andere Recht zu bearbeiten und vor allen Dingen in Kraft treten zu lassen, oder konnte eine solche Publikation nur einheitlich geschehen? Was den ersten Teil der Frage anbelangt, so ist nicht zu verkennen, welch ungeheure Aufgabe in einer systematischen Trennung der beiden Materien ruhte. Und es ist leicht einzusehen, daß die Bejahung oder Verneinung der Frage an sich auf den Charakter der damaligen Arbeiten rückwirken mußte. Selbst wenn nun, wie es dann geschah, die erste Erwägung zu dem Resultat führte, daß eine Trennung der beiden Materien vorzunehmen sei, so lag in der fast unlöslichen Verbindung beider Materien im Landrecht die Schwierigkeit, eine scharfe Sonderung

[1]) Vgl. unten S. 19.

beider Stoffe herbeizuführen. In diesem, vielleicht bisher noch zu wenig berücksichtigten, Umstande lag ein Teil der so außerordentlich ausgedehnten Vorarbeiten begründet. Andererseits aber zeigt sich auch hier bei der räumlichen Spannung über ein halbes Jahrhundert der Vorteil der Zeit, in der nacheinander — wie eine Betrachtung der Rechtsentwicklung ergibt — stets von neuem die immer noch zurückgebliebenen formellen Vorschriften ausgemerzt wurden. Und auch im Strafgesetzbuch von 1851 finden sich noch Rudimente einzelner formell-rechtlicher Vorschriften.

Nachdem sich die herrschende Ansicht dahin entschieden hatte, daß eine gesonderte Bearbeitung erfolgen sollte, war für das Strafrecht im materiellen Sinne der Gang der Gesetzgebungsereignisse entschieden und erledigt. Im Zusammenhang mit dem Strafrechtsverfahren blieb aber die Angelegenheit insofern, als es sich nun fragte, ob beide Teile des Strafrechts, welche gesondert bearbeitet wurden, zusammen in Kraft treten sollten. Die Frage ist eine Zeitlang im Sinne einer Gemeinsamkeit entschieden gewesen, wie sich unten aus der Darstellung der ersten Periode ergibt [1]). Erst nach einer Entscheidung dahin, daß auch eine getrennte Bearbeitung und Publikation möglich sei, gingen die gesetzgeberischen Ereignisse wieder ihren selbstständigen Lauf.

Es werden also für die erste Periode, kurz zusammengefaßt, folgende Gesichtspunkte richtungweisend sein:

1. Die Frage, ob Teil- oder Gesamtrevision, wird im Sinne der letzteren entschieden.

2. Durch die Entscheidung des Kodifikationsstreites wird endgültig der Charakter der Entwürfe festgelegt.

3. Die Revision des 20. Titels des Allgemeinen Landrechts soll eine grundsätzliche Scheidung des materiellen und formellen Rechts herbeiführen. Nachdem das formelle Recht in einer Kriminalordnung festgelegt ist, nehmen die Gesetzgebungsarbeiten ihren endgültigen Anfang.

Dies sind die grundlegenden Linien, welche sich durch die ganze erste Periode hinziehen. Die zweite Periode bildet, da die Hauptfragen damit erledigt sind, nur noch die Weiterbildung

---

[1]) Vgl. unten S. 17.

der begonnenen Arbeiten in dem gleichen Sinne [1]). Auch hier wird eine Geschichte der Rechtsentwicklung diese Tatsache erweisen.

In einem Punkte unterscheidet sich allerdings die zweite Periode erheblich von der ersten. Das ist die Systematisierung der Arbeiten, welche schon in der Einleitung nach der Anziehung der Kamptz'schen Worte angedeutet ist. Die Arbeiten am Anfang des Jahrhunderts sind in dieser Richtung noch nicht so scharf gegliedert, so daß die unten folgende Schilderung der ersten Periode, soweit sie überhaupt in dem Rahmen dieser Arbeit liegt, naturgemäß an Schärfe der Einteilung hinter der zweiten Periode zurückstehen muß, bis einmal eine eingehende Entwicklungsgeschichte lediglich auf Grund des gesamten vorliegenden Aktenmaterials zu einer neuen, selbständigen Gliederung der Arbeiten unter einem einheitlichen Gesichtspunkte kommen wird.

Eine solche Anzahl von Entwürfen muß, soweit sie überhaupt bekannt sind, zu ihrer Erkennbarkeit durch zahlenmäßige Benennung sich voneinander abheben. Zur Vereinfachung ist in dem Nachfolgenden auf die durch das Jahr 1827 gegebene natürliche Zäsur Rücksicht genommen. Indem nun die Entwürfe jeder Periode in sich fortlaufend gezählt werden, verringert sich ihre Zahl und wächst ihre Übersichtlichkeit.

Man könnte versucht sein, nach dem Vorgange Clemens' wie bei dem Entwurf von 1843 in einzelne Vorentwürfe zu gliedern, doch wird sich empfehlen, zur Übersichtlichkeit möglichst von allen weiteren Unterbenennungen abzusehen, die ja auch entbehrlich sind, wenn man die mitschaffenden Faktoren und die Art ihrer Tätigkeiten ein für allemal berücksichtigt. Auch hier kann erst eine endgültige Geschichtschreibung nach einheitlichen Gesichtspunkten eine Auswahl und Gruppierung treffen.

Die Zählung im nachfolgenden Abriß ist eine rein zeitmäßige, in der Reihenfolge ihres Erscheinens, ohne Rücksicht auf Entstehungsart und systematischen Inhalt.

---

[1]) Allerdings wurde für kurze Zeit der Streit nochmals 1845 aufgerührt. Berner a. a. O. S. 236.

B. Abriß des preußischen Strafrechts.

I. Periode: Die fünf ersten Entwürfe.

Der erste Entwurf.

Nachdem bald auf die erlangte Gesetzeskraft des Allgemeinen Landrechts mehrere Patente und Reskripte in den Jahren 1794 bis 1797 ergangen waren [1]), erfolgte am 5. August 1798 durch eine Allerhöchste Kabinettsorder der erste einschneidende Eingriff in die neue Gesetzgebung. Die Strafgesetze über Brandstiftungen sollen darnach einer Revision unterzogen werden, für die als leitender Grundsatz eine allgemeine Schärfung der Strafen aufgestellt ist. Diese an den Großkanzler v. Goldbeck ergangene Kabinettsorder richtet sich gegen das Überhandnehmen der Brandstiftungen und beabsichtigt, dem steigenden Nichtergreifen der Täter entgegenzuwirken. In der Begründung spricht sich die Kabinettsorder dahin aus, daß die Strafen des Allgemeinen Landrechts, die sich nach der Höhe des Schadens richten, zu gering seien. Vom Standpunkte der „gemeinen Gefahr" aus betrachtet, sei maßgebend die Sicherheit der Untertanen. Zur Klärung dieser grundlegenden Frage wünscht der König ein Gutachten, welches durch Reskript vom 14. August 1798 eingefordert wird. Das Gutachten wird der Gesetzeskommission übertragen und von dieser am 25. Januar überreicht. Grundsätzlich spricht sich die Kommission in dem Sinne aus, daß sie die Vorschriften des Allgemeinen Landrechts für hinreichend hält. Als leitende Sätze des Gutachtens sind die Ansichten über den Nutzen schwerer Strafen und den Schaden der Änderungen der Gesetze zu betrachten.

„Die Geschichte lehret, daß nur barbarische Nationen strenge Strafen geliebet haben, daß hingegen, sowie die Sitten milder geworden sind, man auch gelindere Strafen eingeführet habe."

Davon ausgehend hält die Kommission den Schaden strenger Strafen für größer als ihren Nutzen. Die Furcht ist kein genügendes Moment, den Verbrecher von der Tat zurückzuhalten, da bei ihm die Hoffnung überwiegt, daß seine Entdeckung ausbleiben

[1]) Vgl. Berner a. a. O.

werde. Diese Hoffnung muß ihm genommen werden durch Mittel, welche die Entdeckung erleichtern.

Das Gutachten belegt seine Ansicht über den Wert der Strafen mit einer Statistik und dem daraus folgenden Schluß, daß im Vergleich mit dem Ausland, welches strengere Strafen hat, sich für Preußen ein günstigeres Verhältnis ergibt[1]).

Darüber hinaus stellt sich sogar das Gutachten auf den Standpunkt, daß schon jetzt das Verhältnis von Verbrechen und Strafe zu scharf sei, wie z. B. nach § 1518 des Allgemeinen Landrechts auf einen Schaden von unter fünfhundert Talern bei Brandstiftung zehn- bis fünfzehnjährige Zuchthausstrafe stehe.

Eine besondere Häufung des Brandstiftungsdelikts in Süd- oder Ostpreußen dürfe nicht allgemein, sondern höchstens für diese Teile des Volkes strengere Gesetze nach sich ziehen.

Zum andern gibt das Gutachten Anlaß zu der grundsätzlichen Erwägung, daß öftere Änderungen der Gesetze schädlich wirken. Regierung und Gesetze sollen auf unveränderlicher Grundlage beruhen, und wenn ein Gesetz, welches erst jüngst eingeführt sei, bereits geändert werde, müsse hierdurch ein Gefühl der Unsicherheit entstehen. Dazu trete unter Umständen Mangel der Achtung vor dem Gesetze, da man zu der Vermutung käme, daß die Voraussetzungen nicht vorhanden gewesen wären.

Nachdem im Laufe der nächsten Monate sich in Preußen besonders schwere Mordbrennereien neu ereignet hatten, wurde durch Kabinettsorder vom 12. Juni 1800 eine besondere Kommission nur für die Zwecke der Untersuchung und Bestrafung dieser Verbrechen eingesetzt, deren Mitglieder alle anderen Geschäfte beiseite lassen sollen. Im Anschluß daran ergeht am 17. Juni 1800 eine neue Kabinettsorder, in der der König durch v. Goßler den „Entwurf eines geschärfteren Strafgesetzes" verlangt, „welches die niedrige Stufe der Cultur, worauf der gemeine Mann in den neuen Provinzen noch stehet, zu erfordern scheint".

Durch Reskript vom 25. Juni an die Gesetzeskommission erfolgt eine Verordnung wegen Untersuchung und Bestrafung der Brandstiftungen, Räubereien und gefährlichen Diebstähle (20 Paragraphen).

---

[1]) Vgl. unten Heft 3: Schluß.

Da hiermit neue Grundsätze auftreten, sei an dieser Stelle im einzelnen darauf verwiesen:

1. Strafen:
   a) Feuertod steht auf Vorsätzlichkeit, Rach- und Gewinnsucht.
   b) Schwert steht auf Beihilfe und Erpressung durch Brandbriefe.
   c) Rad ist zu verhängen bei Diebstahl mit Mord oder lebengefährdender Behandlung.
   d) Galgen ist die Strafe bei Diebstahl mit Knebeln, Bandendiebstahl, Schmierestehen, Ausbaldowern und Hehlen. Bei ausländischen Vagabonden für Diebstahl von mehr als fünf Talern.
   e) Brandmarken findet statt nur bei Ausländern, und zwar bei Rückkehr ausländischer Vagabonden oder deren Entweichen aus Gefängnissen.
   f) Ruten und Peitschen am Schandpfahl erfolgt bei Rückfall und Abzuschiebenden.

2. Belohnungen: Um einen Anreiz zur Beihilfe von Entdeckungen der Verbrechen zu geben, werden aus einem Kriminalfonds Belohnungen für Anzeigen gegeben.

3. Straffreiheit: Als weiteres Abschreckungsmittel bleibt die Notwehr gegen diese Verbrechen bis zum äußersten Falle straflos, ein Grundsatz, der sich, gemildert, bis in den Entwurf 1848 erhalten hat (vgl. dort § 34).

4. Verfahren: Als Mittel zur Abschreckung ist schließlich bezüglich des Verfahrens noch neu eingefügt die Begnadigung eines Täters bei Angabe seiner Komplicen, ein Grundsatz, welcher sich im einzelnen auch bis ins preußische Gesetzbuch erhalten hat [1]). Schließlich soll der Entdeckung und der Abschreckung die Beschleunigung des Verfahrens dienen, welcher Grundsatz der Kabinettsorder vom 1. Februar 1799 entnommen ist, in der die Langsamkeit des Strafvollzuges gerügt wird.

Bereits am 25. Juni nimmt der Kammergerichtspräsident v. Kircheisen durch eine Immediateingabe zu dieser Verordnung Stellung. Er greift zurück auf das Gutachten der Gesetzeskom-

---

[1]) Bei Teilnahme, Hoch- und Landesverrat; vgl. unten Heft 3 Art. 60.

mission und erklärt den Nutzen der Strafen für sehr problematisch. Er hebt den Umstand hervor, daß die Gerechtigkeit der Todesstrafe neuerdings Gegenstand eingehender Prüfung geworden und es deshalb gefährlich sei, sie noch zu vermehren. Außerdem sei zu erwägen, daß die Schärfung der Strafen die Urteilskraft des Volkes abstumpfe. Schließlich müsse die Strafe im Verhältnis zur Kulturstufe stehen. Hier klafft eine Lücke infolge der verschiedenartigen Zusammensetzung der preußischen Provinzen und des erheblichen Unterschiedes der Kulturstufe der Provinzen Preußen und des Westens.

Nachdem am 2. Juli nochmals ein Gutachten der Kommission eingeholt worden ist, bleibt dieser Teil unerledigt.

Die vorstehenden Ausführungen, welche nur die letzte Verordnung mehrerer ähnlicher darstellen, sind in dieser Abhandlung nur deswegen eingehender behandelt, weil sie zeigen, wie sich neue Grundsätze gegenüber dem zuletzt erlassenen Gesetz durchzusetzen versuchen. Hauptsächlich die Strafsystematik ist der Ausgangspunkt, welcher auch späterhin in den einzelnen Teilentwürfen wieder den Gegenstand eingehender Erwägung bildet.

Unterdessen hat aber ein königliches Reskript vom 8. Dezember 1799 den Anlaß gegeben zu den Arbeiten, welche recht eigentlich den Beginn der Geschichte des preußischen Strafgesetzbuchs bilden.

Dieser Tag ist der Ausgangspunkt des ersten Strafrechtsentwurfs, indem durch das genannte Reskript der Geheime Obertribunalrat Klein mit dem Entwurf „einer Criminalordnung und Revision von Titel 20 des Allgemeinen Landrechts" beauftragt wird.

Es findet sich also hier zum erstenmal der Ansatz einer Trennung zwischen formellem und materiellem Strafrecht. Während nun das formelle Recht in ein besonderes Gesetz gefaßt werden soll, will man sich jetzt noch auf eine Umarbeitung des Allgemeinen Landrechts beschränken [1]), wie auch die Gesetzesarbeiten unter dem Titel einer „Umarbeitung des 20. Titels" geschehen.

---

[1]) Acta Generalia d. Just.-Min., Landrecht Nr. 30, Vol. I.

Diese Arbeiten sind am 31. Mai 1800 beendet und werden mit einem Bericht Kleins eingereicht. Sie zerfallen in:

a) Entwurf einer Kriminalgerichtsordnung,

b) Entwurf der Zusätze und Veränderungen des 20. Titels Teil II Allgemeinen Landrechts.

Dieser Entwurf, welcher das Allgemeine Landrecht also in sich bestehen läßt und nur in einzelnen Teilen Veränderungen und Zusätze bringt, ist der erste Entwurf eines für die Folge beabsichtigten neuen materiellen Strafrechts.

Er kommt zu den Akten und bleibt vorläufig unbenutzt.

Der zweite Entwurf.

Der Entwurf Kleins bleibt nicht nur vorläufig unberücksichtigt und unbenutzt, sondern man kommt in der allernächsten Zeit sogar von dem Grundsatz einer Revision des gesamten Kriminalrechts zurück. Durch ein Reskript vom 26. Juli spricht sich der König dahin aus, daß „wir die anfänglich beabsichtigte Revision . . . für jetzt ausgesetzt sein lassen". Der Grund war, daß zuerst die Kriminalordnung für sich fertiggestellt werden sollte.

Erst im folgenden Jahre nimmt der König durch ein Reskript an den Stadtgerichtsdirektor v. Schlechtendahl am 6. März 1801 Stellung zu dem Entwurf Kleins. Die Grundsätze haben sich aber nunmehr dahin geklärt, daß man nicht mehr eine Umänderung des ganzen Titels 20 ALR. beabsichtigt, sondern daß sich die Umänderung nur auf die Verbrechen der Brandstiftung, Raub, Diebstahl und Betrug beschränken soll.

Ausdrücklich aber erwähnt der König, daß v. Schlechtendahl den durch Klein gelieferten Entwurf zu berücksichtigen habe und „in Ansehung der hier einschlagenden Materien von den darin getanen Vorschlägen dem Befinden nach Gebrauch machen" soll.

Da nun aber das formelle Strafrecht bereits in Bearbeitung war, wird dem Bearbeiter in dieser Richtung die Direktive dahin gegeben, daß er Rücksicht auf die Trennung des formellen Rechtes vom materiellen zu nehmen habe und daß „alles wegzulassen sei, was die Verfahrungsart betrifft und daher zur Kriminalordnung gehört".

Außerdem werden ihm bezüglich der Strafarten bestimmte

Vorschriften gemacht, von denen vielleicht kriminalpolitisch interessant ist „die Einsperrung bis zur erfolgten Besserung". (Vgl. hierzu § 1024 Titel 20 ALR. Teil II[1]).)

Der Entwurf selbst ist in 117 Paragraphen abgefaßt und enthält in §§ 1—10 allgemeine Vorschriften, während der Rest die Strafen der einzelnen Delikte behandelt. Da der Entwurf bisher noch nicht bekannt ist, findet sich im Anhang seine Inhaltsübersicht.

Am 29. Mai 1801 wird dieser zweite Entwurf durch v. Schlechtendahl eingereicht.

Der dritte Entwurf.

Der Entwurf v. Schlechtendahls wird am 2. Juni der Gesetzkommission überwiesen, die aber statt teilweiser Änderungen vollständige Revision beschließt und sich am 3. Juli in diesem Sinne einer Revision des gesamten Strafrechts ausspricht. Der Großkanzler v. Goldbeck berichtet, während in der Kommission die Form bloßer Zusätze des Allgemeinen Landrechts abgelehnt wurde, am 4. Oktober eingehend an den König. Die Generalkommission stehe auf dem Standpunkte, daß die Revision des Titels 20 mit der Verbesserung des Verfahrens in Kriminalsachen zusammen ein Ganzes bilde, und beantrage daher eine zu gleicher Zeit zu bewirkende Revision dieses Titels.

Die Vollziehung des vorigen Entwurfs könne noch nicht erfolgen, weil sich sehr erhebliche Schwierigkeiten gezeigt hätten, die unvermeidlich wären, wenn ein solches Gesetz ohne Änderung sämtlicher damit in Verbindung stehender Vorschriften des Allgemeinen Landrechts publiziert würde.

Auf Grund dieser Eingabe, zu der die Anregung durch v. Goldbeck und die magdeburgische Regierung ausgegangen ist, genehmigt der König durch die Kabinettsorder vom 8. Oktober die ganze Revision des Titels 20.

Mit dieser Revision wird am 11. Oktober die Gesetzkommis-

---

[1]) Dieser vielleicht auch für die heutige Kriminalpolitik interessante Paragraph lautet: „Nach ausgestandener Strafe sind sie in Arbeitshäuser abzuliefern und daselbst solange zu verwahren, bis sie zu einem ehrlichen Unterkommen Lust und Gelegenheit erhalten."

sion betraut und der Kammergerichtspräsident v. Kircheisen und der Geheime Oberjustizrat Goßler zu Referenten ernannt.

Dies geschieht durch das königliche Reskript vom gleichen Tage, an dem die Justizdeputation der Gesetzkommission die maßgebenden Gesichtspunkte für die Revision erhält. Diese lassen sich in folgender Richtung unterscheiden:

1. Alle Novellen sind einzuschalten.

2. Zwischen den Strafgesetzen und der Kriminalordnung ist Übereinstimmung herzustellen in der Weise, daß beide ein Ganzes bilden.

3. Kriminalpolitisch sind folgende Gesichtspunkte beachtenswert:

a) Warnung vor Justizmord.

b) Notwendigkeit schneller Bestrafung.

c) Womöglich Erzielung einer Besserung.

d) Warnendes Beispiel zur Erreichung allgemeiner Sicherheit.

Die Frage, ob einzelne Publikation erfolgen soll, bleibt vorläufig offen. Was die Arbeiten selbst anlangt, so wird nunmehr der Entwurf Kleins benutzbar.

Die Justizdeputation, bestehend aus v. Grollmann, Pfeiffer und Klein, redigiert den genannten Entwurf nach den oben aufgeführten Grundsätzen. Der Gang der Arbeiten ist im einzelnen folgender: Die zwei Referenten arbeiten erst Monita zu ALR. Titel 20 aus, welcher zu einem ersten Entwurf führt. Nach einer Prüfung durch ein Komitee von drei Mitgliedern arbeiten die beiden Referenten auf Grund der Bemerkungen des Komitees den endgültigen Entwurf aus. Dieser Entwurf kommt am 10. Oktober 1804 zu den Akten. (Acta des Just.-Min., Materialien zum Entwurf des Strafgesetzbuchs Bd. I u. II.)

Der Entwurf, welcher der Plenarkommission vorgelegt wird, hat als der d r i t t e Entwurf der Gesetzgebungsarbeiten zu gelten. Das von Clemens angeblich neu entdeckte Exemplar im Geheimen Staatsarchiv ist, wie bereits die Einleitung hervorgehoben hat, eine vom Juistzministerium nicht verwandte Abschrift, welche aus diesem Grunde an das Archiv abgegeben wurde. Die Angaben v. Liszts sind also durchaus der Sache entsprechend, denn sowohl der Entwurf v. Schlechtendahls wie auch der Entwurf des darauf folgenden Jahres sind, wie v. Liszt erwähnt,

Teilentwürfe, wie oben hervorgeht und wie die Tatsache beweist, daß der folgende Entwurf in zehn Lieferungen erschienen ist.

Bei diesem Entwurf zeigen sich zum erstenmal die Ansätze einer Systematik, weswegen im Anhang seine Inhaltsübersicht abgedruckt ist.

Aus dieser Übersicht des in 1413 Paragraphen abgefaßten Entwurfs geht hervor, daß er in zwei Teilentwürfen [1]) entstanden ist, da die §§ 1—695 nach Titeln, dagegen der Rest nach Abschnitten eingeteilt ist. Beim ersten Teil faßt der erste Titel in den §§ 1—128 alle die in den späteren Rechten unter dem allgemeinen Teil abgehandelten Bestimmungen von „Verbrechen und Strafen überhaupt" zusammen. Der zweite Teil leidet noch unter der redaktionellen Unvollkommenheit, daß zahlenmäßig der elfte Abschnitt fehlt und dafür der zwölfte doppelt gerechnet ist.

Systematisch wäre etwa zu bemerken, daß die Amtsdelikte gleich hinter den Verletzungen der Rechte des Staates in Titel 8 behandelt sind. Im zweiten Teile finden sich im 12. Abschnitt Bestimmungen über die „Sorge für uneheliche Kinder", und schließlich sind in den Abschnitten 14—16 die Vermögensdelikte in drei Teile zerlegt, einen allgemeinen, einen über Entwendungen und einen über verbotenen Eigennutz und Betrug.

Nach dem diesem Entwurf beigegebenen Bericht der Kommission vom 10. Oktober 1804 sind hier zum erstenmal fremde Rechte, und zwar die von Bayern und Frankreich, berücksichtigt, so daß der Entwurf 1804 das erste Eindringen des französischen Strafrechts in das preußische zur Folge hat.

Das Allgemeine Landrecht ist, wie die Kommission berichtet, soweit möglich, auch in der Anordnung der Materie beibehalten, doch ist eine deutlichere und bestimmtere Fassung angestrebt. Schließlich sind die Paragraphen nach einem System umgestellt.

Der vierte Entwurf.

Der vorhergehende Entwurf wird der Plenarkommission zur Prüfung vorgelegt und nach deren Bemerkung im Laufe des Jahres 1805, also durch das ganze Jahr, in zehn Lieferungen nach-

[1]) Dieser schon damals bekannte Umstand hat auch hier Anlaß gegeben, von dem Entwurf 1804 als einem Teilentwurf zu sprechen. Die Angaben v. Liszts treffen also auch bezüglich des Entwurfs III zu.

einander, dem Großkanzler v. Goldbeck vorgelegt. Dieser hat in einem Immediatbericht am 20. Juli über die Entstehung des Entwurfs berichtet, so daß also dieser Bericht und nicht das vorbereitende Referat, welches Clemens erwähnt, für die Entstehungsgeschichte dieser Entwürfe maßgebend ist [1]).

Alsdann unterzieht der Großkanzler den vierten Entwurf einer eingehenden Bearbeitung und versieht ihn mit Marginalien, so daß ein neuer Entwurf entsteht, der sich systematisch vollständig an den vorigen anlehnt. v. Goldbeck überreicht ihn danach im Februar des folgenden Jahres, 1806, dem König [2]).

Wie geschichtlich leicht zu erklären, ließ dieses Jahr eine völlige Stockung der ferneren Arbeiten eintreten.

Die Unterbrechung dauerte bis über den Krieg hinaus.

Der fünfte Entwurf.

Nachdem sich die ferneren politischen Schicksale Preußens in den Jahren nach dem Kriege geklärt haben, überträgt der Justizminister die weitere Bearbeitung der Revision an den Geheimen Oberjustizrat Sack, welcher die seit dem Jahre 1814 entstandene Literatur und Rechtsprechung einer umfassenden Prüfung unterzieht und unter ihrer Berücksichtigung einen neuen — fünften — Entwurf in 1630 Paragraphen abfaßt, welcher im Jahre 1819 zu den Akten gelegt wird. Der Entwurf selbst, dessen Inhaltsübersicht ebenso im Anhang abgedruckt ist, entstand in der Weise, daß Sack den Entwurf 1805/06 mit den Bemerkungen v. Goldbecks und dem genannten Material verschmolzen hat.

Wie bereits im ersten Heft der Darstellung hervorgehoben, hat sich die Frage, ob das kommende Gesetzbuch nur für einzelne Teile des Staates gelten solle oder für das ganze Preußen, dahin geklärt, daß der Entwurf den ersten Teil, Strafgesetze, eines allgemeinen Strafrechts für die preußischen Staaten darstellen soll.

Wie sich bereits aus der Erhöhung der Zahl der Paragraphen

[1]) Acta d. Just.-Min., Materialien z. Entw. d. St.-G.-B. Bd. I u. II.

[2]) Ob und aus welchem Grunde dieser Entwurf als selbstständiger zu zählen ist, kann nur eingehende dogmatische Würdigung entscheiden.

entnehmen läßt, bildet der Entwurf 1819 eine Erweiterung und Fortbildung des vierten Entwurfs. Systematisch hat sich das geändert, daß der Abschnitt über die Fürsorge für uneheliche Kinder in Wegfall gekommen ist, wodurch sich die Zahl der Abschnitte von 17 auf 16 vermindert. Die Dreiteilung der Vermögensdelikte ist geblieben, hat sich aber inhaltlich dahin verschoben, daß zu den allgemeinen Vorschriften die Bestimmungen über Entwendungen hinzugenommen sind und daß der zweite Teil den Eigennutz und Betrug behandelt, während im dritten Teil sich neue Grundsätze über Beschädigungen des Vermögens aus Rache, Bosheit und Mutwillen finden.

Trotz der Unterbrechung seit dem Jahre 1806 bis zum Jahre 1814 bildet somit der Entwurf mit den vorangegangenen Entwürfen inhaltlich einen derartigen Zusammenhang, daß er mit zu den bisher aufgeführten Entwürfen der ersten Periode gezählt werden muß.

II. Periode: Die elf letzten Entwürfe.

Der erste Entwurf.

Den Ausgangspunkt der Arbeiten der ersten Periode und damit den Beginn der Gesetzgebungsarbeiten bildete das königliche Reskript vom 8. Dezember 1799. Die Periode selbst fand ihren Abschluß hauptsächlich durch das Einsetzen der deutschen Einheitsbestrebungen, welche durch den Beginn der Zollgesetzgebung gekennzeichnet ist.

Wie bereits in der Einleitung gesagt, setzt mit der Kabinettsorder vom 24. Juli 1826 offiziell eine neue Periode der Gesetzgebung ein, welche von Berner bis auf die Lücke der Jahre 1847 und 1848 in eingehender Monographie beschrieben ist. Die Darstellung beschränkt sich im folgenden nur auf kurze, zahlenmäßige Angaben der hierdurch bekannten Entwürfe und wird nur an den einzelnen Punkten, welche noch nicht berücksichtigt sind, ausführlicher. Insoweit Bekanntes behandelt wird, liegen die Bernerschen Ausführungen, welche sich streng an die Akten halten, zugrunde.

Bereits vor der erwähnten Kabinettsorder, also vor dem offiziellen Wiederaufnehmen der Gesetzgebungsarbeiten, fand am 8. Juni 1826 eine Konferenz der Deputation zur Revision der Strafgesetze statt. Auf ihr kamen zwei Punkte, welche für die folgenden Arbeiten ausschlaggebend waren, zur gründlichen Beratung.

1. Der Umfang der Revision, welcher bereits in der ersten Periode Gegenstand wiederholter Erwägungen gewesen war, wurde aufs neue erörtert. Es war die Frage, ob das Allgemeine Landrecht die systematische und materielle Grundlage des neuen Gesetzes werden solle. Auch die Novellenfrage, die bereits in den früheren Entwürfen, wie erwähnt, eine Rolle gespielt hatte, erschien wieder. Schließlich wurde der Weg, den Sack eingeschlagen hatte, nämlich Benutzung der neueren Literatur, Erfahrung der Gerichtshöfe und fremder Gesetzgebung, nochmals aufs neue zur Diskussion gestellt. Wie in der Deputation hervorgehoben wurde, waren alle diese Gesichtspunkte „bei drei früheren, nicht zur Vollendung gekommenen Revisionen" maßgebend gewesen [1]).

Dem gegenüber fand sich die Anschauung vertreten, daß eine gänzliche Umarbeitung der Materie von Grund auf erforderlich sei.

2. Der Weg der Bearbeitung, den die Deputation als den sichersten und zunächst einzuschlagenden hält, ist der einer gänzlichen Umarbeitung und Umgestaltung der bestehenden Strafgesetze. Dieser Entschluß, welcher der Ausgangspunkt der eigentlichen späteren Systematik und die Rechtsgrundlage für die kommenden Entwürfe bildet, dürfte interessant genug sein, um seine Begründung kennen zu lernen. Sie erfolgte mit der Erklärung:

> „daß eine Revision des Titels 20, dessen Ziel es ist, nicht bloß an Stelle des bevorstehenden Mittelmäßigen ein weniger mittelmäßiges Werk, sondern ein möglichst voll-

---

[1]) Diese drei Revisionen sind die oben behandelten drei letzten Entwürfe (III—V), welche ja die ersten Ansätze einer einheitlichen Rechtsdarstellung bilden. Durch diese Worte erhält die ganze vorige Darstellung Clemens gegenüber ausschlaggebende Bestätigung.

ständiges, deutliches und dem praktischen Bedürfnis und dem Geiste des Zeitalters entsprechendes Gesetzbuch zu liefern".

Wie bereits bekannt und von Berner geschildert, stand die Kabinettsorder vom 24. Juli auf dem entgegengesetzten Standpunkte, doch wurde nach eingehendem Berichte des Justizministers v. Dankelmann vom 14. Oktober 1826 in der Kabinettsorder vom 14. November 1826 durch den König die Genehmigung zu dem Plane der Deputation erteilt.

Immerhin wurde bereits vorher der allgemeine Teil in Angriff genommen, dessen Bearbeitung dem Kammergerichtsrat Bode übertragen worden war. Seine Arbeit war schon am 6. September so weit gefördert, daß von ihr in den Akten insoweit die Rede ist, daß sie noch nicht ganz bis zum Ende gediehen sei. Nichtsdestoweniger findet sich bei den Akten des Jahres 1826 ein „Entwurf des Gesetzbuchs für die preußischen Staaten 1826".

Dieser Entwurf führt eine Einleitung (§§ 1—5) und den ersten Titel des beabsichtigten ganzen Strafgesetzbuchs (§§ 6 bis 159). Nach allgemeinen Bestimmungen über Verbrechen und deren Bestrafung (§§ 6—159) werden in sechs Abschnitten die Bestimmungen behandelt, welche bereits in ihrer Systematik den allgemeinen Teil der späteren Entwürfe und des eigentlichen Gesetzbuchs von 1851 erkennen lassen.

Da jedoch dieser — heute noch unbekannte — Teilentwurf noch eine selbständige weitere Entwicklung durchgemacht hat, bevor er in den Publikationen erscheint, und da sein Bestehen und seine Berücksichtigung für die vorliegende Arbeit nicht ausschlaggebend ist, nimmt die gegenwärtige Darstellung davon Abstand, ihn als neuen, offiziell zu zählenden Entwurf aufzuführen [1]), da dies nur auf Grund einer eingehenden, grundlegenden Prüfung und Begründung geschehen könnte. Um das gegenwärtige Bild also nicht zu verwirren, möge es bei der bisher bekannten Zählung bleiben; allerdings muß her-

[1]) Hierzu wäre erforderlich eine eingehende Untersuchung seiner Entstehungsgeschichte und vor allem eine Prüfung seines systematischen Inhalts im Verhältnis zu dem später aus ihm hervorgegangenen Entwurf — dem bisher bekannten Entwurf Bode —, damit festgestellt werden kann, inwieweit ihm eine Selbstständigkeit zuzusprechen ist.

vorgehoben werden, daß bei den Akten sich ein bereits am 30. April 1827 eingereichtes Memorandum Bodes befindet, wonach der Entwurf mit Motiven beendet ist. Die Prüfung dieses Vorgangs und seine offizielle Einreihung in die preußische Strafrechtsgeschichte ist an anderer Stelle vorgesehen [1]).

Im November 1827 wurde dann von Bode der endgültige, bis jetzt bekannte, allgemeine Teil eingereicht, welcher einen Teil der drei in den Jahren 1828 und 1829 fertiggestellten Entwürfe bildet.

Die früher mit den Arbeiten betraute Deputation wird nunmehr durch eine allgemeine Gesetzgebungskommission abgelöst, welche den ersten Entwurf bearbeitet.

Für die Folge wird man also zu berücksichtigen haben, daß an dem Werke der Gesetzgebung mit arbeiten:

1. das Justizministerium als grundlegender, die Norm schaffender Faktor. Es ist diejenige Instanz, welche auf Grund der bisher gelieferten Arbeiten und unter Berücksichtigung aller rechtlichen Grundlagen die eigentlichen Rechtssätze aufstellt und in ein System bringt.

2. Die Gesetzgebungskommission ist, ebenso wie das Justizministerium, nur aus Juristen zusammengesetzt und behandelt die gesamten Arbeiten nur unter dem Gesichtspunkte der Wissenschaft. Der Unterschied von der vorigen Instanz beruht nun darin, daß hier Juristen gehört werden, welche den einzelnen Landesteilen entstammen und berufen sind, die Verhältnisse der kulturell außerordentlich verschiedenen Provinzen zur Geltung zu bringen. Diese Kommission hat also in ihren Arbeiten nicht mehr nur die rein theoretischen Erörterungen zu pflegen, sondern hat die von dem Justizministerium aufgestellten Grundsätze kriminalpolitisch zu werten und zu verarbeiten.

3. Zu diesen Gesichtspunkten treten die staatspolitischen. Das Staatsministerium ist die berufene Stelle, welche dem so in eine Form gegossenen Recht endgültig die Notwendigkeiten des staatlichen Lebens einverleibt. Es berücksichtigt nicht nur die Forderungen des Staates, sondern auch die wirtschaftlichen Verhältnisse des Volkskörpers, indem alle Stimmen, welche in

[1]) „Der Weg zum preußischen Einheitsrecht." Vgl. o. S. 5 Anm. 2.

der Presse oder unmittelbar durch Eingaben hervortreten, gewertet und unter Umständen verwandt werden.

Zieht man diese drei Beteiligten stets in Betracht, so wird der Grundstock der Arbeiten niemals an Übersicht verlieren. Aus ihnen sind naturgemäß stets im einzelnen Bedarfsfalle Kommissionen [1]) hervorgegangen, welche ihrerseits stets wieder Referenten ernannt haben.

Die allgemeine Gesetzkommission tritt zum erstenmal seit dem November 1827 auf und verhandelt bis zum Mai 1830 [2]).

Die grundlegenden Arbeiten Berners sind so übersichtlich in dem Rahmen seiner allgemeinen deutschen Strafrechtsgeschichte dargestellt, daß sie in dem von ihnen behandelten Zeitraum die Ereignisse erschöpfen. Aus den bereits oben erwähnten Gründen erübrigt es sich daher, für die Folge Bekanntes in Wiederholung zu bringen. Es werden also für den Zeitraum der Entwürfe 1827—1847 nur die Angaben v. Listzs und Berners wiederholt, soweit sie die tatsächlichen Ereignisse und die Entwürfe bringen.

Der zweite bis neunte Entwurf.

Die Beratungen der großen Gesetzgebungskommission haben den zweiten Entwurf um die Wende des Jahres 1828 zur Folge, denen vier Bände Motive beigegeben werden. Dieser Entwurf beschränkt sich nicht mehr auf den allgemeinen Teil, sondern ist seit dem Entwurf 1819 die erste vollständige Bearbeitung des Strafrechts.

Die Zählung des Entwurfs Bodes, welcher nur den allgemeinen Teil bearbeitet, als selbständiger Entwurf rechtfertigt sich aus dem Grunde, weil er sich fast ganz vom Allgemeinen Landrecht loslöst.

Der zweite Entwurf wird im ordnungsgemäßen Geschäftsgang von der großen Gesetz-Revisionskommission beraten und zeitigt im Jahre 1830 den dritten Entwurf, welcher insofern bemerkenswert ist, als er die Arbeiten unter v. Dankelmann abschließt, nach dessen Tode im genannten Jahre das Justizministerium auf v. Kamptz überging.

---

[1]) z. B. die „Immediatskommission" aus dem Staatsrat.

[2]) Vgl. Berner S. 218 ff.

Tatsächlich findet sich eine Schilderung dieses Zeitabschnittes in der aktenmäßigen Darstellung des Leiters der Arbeiten. Ihre Wertung hinsichtlich der Wissenschaft hat Berner übernommen [1]).

Der Justizminister selbst hat die Motive für die Umarbeitung des Entwurfs 1830 gegeben, welche als vierter Entwurf des Jahres 1833 anzusprechen ist. Der Entwurf ist als Manuskript gedruckt.

Als zweiter Teil folgte das Polizeistrafgesetzbuch mit Motiven im gleichen Jahre und 1834 Nachträge hauptsächlich zu den Polizeiübertretungen.

Hervorzuheben ist, daß für den Entwurf 1830 und 1833 das Staatsministerium ausgeschaltet wurde, dem diese Arbeiten nicht vorgelegen haben.

Eine neue Beratung führte im Jahre 1836 zu dem revidierten fünften Entwurf, neben welchem die Strafgesetze auswärtiger Staaten zusammengestellt werden [2]). In fünf Teilen, deren vierter und fünfter Band in das Jahr 1841 fallen, werden 28 Strafgesetzbücher und Entwürfe berücksichtigt. Bearbeitet ist die Zusammenstellung in ihren ersten beiden Teilen durch Weil.

Die folgenden Arbeiten sind nunmehr aus dem Stadium der internen Bearbeitung herausgetreten. Neben dem Staatsministerium tritt jetzt der Staatsrat als beurteilende Instanz der Entwürfe auf. Auch hier hat man zu unterscheiden zwischen dem Plenum des Staatsrats und einer Kommission, welche unter dem Namen der Immediatkommission bekannt ist [3]). Zur Vereinfachung des Geschäftsganges sind natürlich in der Kommission, welche später durch neu hinzutretende Mitglieder ergänzt wurde, Referenten ernannt. Es erübrigt sich, in diesem Zusammenhange auf Einzelheiten einzugehen, weshalb auch hier nur die Tatsachen hervorgehoben seien [4]).

---

[1]) Den Rückschlag der Kamptzschen Gesetzgebung müßte eine Rechtsentwicklung schildern.

[2]) Vgl. Berner a. a. O. S. 226 ff.

[3]) Auf Grund der Berichte v. Kamptz' (7. November 1837) und Mühlers (31. Dezember 1837) wird am 4. Februar 1838 durch Kabinettsorder die Genehmigung erteilt, wegen Überlastung des Staatsrates aus seinen Mitgliedern diese Kommission zu bilden. (Act. Gen. d. Just.-Min., Landrecht Nr. 38.)

[4]) Berner a. a. O. S. 228 ff.

Die genannte Immediatkommission, der am 4. Februar 1838 durch Kabinettsorder die Prüfung des fünften Entwurfs übertragen wurde, führte ihre Beratung vom März 1838 bis Dezember 1842. Selbständig ging einher die Beratung der allgemeinen Grundsätze im Staatsrat, wo das Plenum bis zum Januar 1843 die allgemeinen Grundsätze bearbeitete. Es liegt in der Natur der Sache, daß sich als Ausfluß der Arbeiten beider Teile je ein Entwurf ergibt, die zusammen mit dem von 1836 durch den Staatsminister v. Kamptz im Jahre 1844 herausgegeben werden [1]).

Der Staatsrat in seinem Plenum ist, wie sich von selbst versteht, die letzte Instanz, welche das entscheidende Wort zu sprechen hat. Aber nicht nur von diesem rein formalen Gesichtspunkt aus betrachtet, sondern vom Standpunkte der Rechtsentwicklung ist der Entwurf des Staatsrates, der noch durch die Wünsche des Königs Abänderungen erfährt, maßgebend und als solcher der sechste Entwurf.

Diese Arbeit behandelt nebst 64 Fragen eine Denkschrift, welche den acht preußischen Landtagen vorgelegt wird. Außerdem werden Behörden und Gelehrte, denen der Entwurf übersandt wird, zur Begutachtung aufgefordert. Sofort setzte eine umfangreiche Beteiligung der genannten Stellen ein, welche sich nicht nur auf Gutachten und Kritiken beschränkte, sondern sogar zu einem neuen — ungezählten, weil nicht amtlichen — Entwurf mit Motiven durch den rheinischen Landtag führte. Hier macht sich zum ersten Mal das selbständig eingreifende Mitwirken des rheinischen und damit des französischen Geistes bemerkbar. Es war auch ein rheinischer Jurist, Bischoff, welcher unter dem Justizminister v. Savigny auf der Grundlage des eingegangenen Materials die dreibändige Revision des Entwurfs von 1843 und damit den revidierten siebenten Entwurf von 1845 geschaffen hat.

Von Oktober des gleichen Jahres tritt die Immediatkommission wieder in Tätigkeit, welche bis zum Juli 1846 den Entwurf prüft und im Jahre 1846 dem Staatsrat den daraus resultierenden achten Entwurf vorlegt.

Der rheinische Landtagsentwurf des Jahres 1844 war nur

---

[1]) a. a. O. Berner S. 230 ff., v. Liszt S. 32.

der Ausgangspunkt rheinischer Sonderbestrebungen, welche unterdessen ihren Fortgang nahmen und sich in einer Denkschrift Ruppenthals im Jahre 1846 zur Geltung zu bringen versuchten[1]).

Nicht unwesentlich haben diese Bestrebungen dazu beigetragen, den alten, bereits erledigten Kodifikationsstreit wieder aufzurollen, indem die Frage in die Verhandlungen geworfen wurde, ob ein Entwurf überhaupt mit der rheinischen Gerichtsverfassung vereinbar sei. Besonders lebhaft wurden dadurch die Beratungen der Immediatkommission, zu denen man noch die rheinischen Juristen Geheimen Justizrat Simons, den Appellations-Senatspräsidenten Madihn und die Appellationsräte v. Ammon und Grimm hinzuzog. Jedoch vermochte sich der rheinische Einfluß in der Hauptsache noch nicht geltend zu machen.

Daneben liefen selbstverständlich die Beratungen des Staatsrates, der sowohl in der Kommission wie auch im Plenum bis zum Jahre 1847 verhandelte[2]).

Das Ergebnis der gesamten Arbeiten ist der „Entwurf des Strafgesetzbuchs für die preußischen Staaten 1847", zu dem ein Einführungsgesetz tritt, ein Zeichen, daß die Gesetzgebungsarbeiten nunmehr sich der Reife zu nähern beginnen.

Dieser Entwurf ist der neunte der bisherigen Zählung.

Obwohl noch ein Teil der ferneren Arbeiten bekannt ist, muß die folgende Schilderung sich stellenweise eingehender mit dem bekannten Stoff befassen, damit ein Zusammenhang zwischen dem Entwurf 1847 und dem nächsten, bisher bekannten letzten Entwurf, dem Vorentwurf zum preußischen Strafgesetzbuch, hergestellt wird.

Der zehnte Entwurf.

Am 24. Juni 1847 erging eine königliche Botschaft an den vereinigten Landtag von 1847, auf Grund deren dem „vereinigten ständischen Ausschuß" der Entwurf 1847 zur Begutachtung über-

---

[1]) Vgl. „Bemerkungen über den Entwurf des preußischen Strafgesetzbuchs . . . von einem Freunde der rheinischen Rechtsinstitutionen", Heidelberg 1843, deren Verfasser ebenfalls Ruppenthal ist.

[2]) Diese sind gedruckt: Verhandlungen der Kommission des Staatsrates über den revidierten Entwurf des Strafgesetzbuches, Berlin 1846. Fernere Verhandlungen der Kommission des Staatsrates . . ., Berlin 1847.

wiesen wird. Dem Entwurf werden 19 Hauptfragen beigefügt, die zusammen Gegenstand der Beratung bilden. Durch königliche Order vom 17. Januar 1848 werden die Geheimen Justizräte Bischoff und Simons angewiesen, den Sitzungen des Ausschusses beizuwohnen, deren erste am gleichen Tage erfolgte. In 33 Sitzungen erledigte der Ausschuß seine Plenarberatungen, die mit der feierlichen Schlußfassung am 6. März ihr Ende fanden [1]).

Ausschlaggebend für die Unterbrechung der weiteren offiziellen Ereignisse war der Beschluß der Versammlung, erst die Reform des Strafprozesses abzuwarten.

Trotzdem nahmen im Innern des Justizministeriums die Arbeiten ihren Fortgang dadurch, daß der Justizminister v. Savigny am 20. März in einer Denkschrift den Grundriß über die fernere Behandlung des Strafrechts niederlegte.

Als erstes Erfordernis sollen alle vom Ausschusse beantragten Änderungen zusammengestellt werden. Zum andern wird die Umarbeitung dieser Grundlagen zu einem neuen Entwurf beantragt.

Um diesen letzten Antrag durchführen zu können, hält v. Savigny eine Konferenz der beiden damaligen Justizminister (v. Savigny und Uhden) erforderlich.

Darauf habe eine Umarbeitung durch den Staatsrat zu erfolgen, welche schließlich durch eine Textredaktion zum endgültigen Entwurf gestempelt werden soll. Als Redaktoren sind bereits jetzt in Aussicht genommen: die Justizminister, der Staatssekretär und ferner die beiden Justizräte Bischoff und Simons.

Dieser Anregung v. Savignys ist Folge gegeben und die Arbeiten dementsprechend erledigt worden.

Die Tatsache, welche früher nicht festzustellen war, geht aus einem Schreiben des nachmaligen Justizministers Simons, also eines der Beteiligten, an den badischen Minister Stabel hervor, in dem er am 14. August 1850 über den Entwicklungsgang der Arbeiten berichtet. Danach sind die Beschlüsse des vereinigten Ausschusses zusammengestellt worden. Unter ihrer

---

[1]) Vgl. Bleich, Verhandlungen des im Jahre 1848 zusammenberufenen Vereinigten Ständischen Ausschusses. Berlin 1848. 4 Bände.

Berücksichtigung und der Bewertung des Bedürfnisses, welches aus der Ausdehnung der Schwurgerichte hervorgegangen sei, habe man den Entwurf einer Umarbeitung unterworfen und diesen „letzteren" [1]) nochmals durchberaten.

Dies ist der zehnte Entwurf, welcher zwischen dem 10. und 30. Oktober 1848 zu den Akten kmmt.

Nach dieser Darstellung wird man nunmehr ohne Schwierigkeiten der Entwicklungsgeschichte dieses bisher unbekannten Entwurfs gerecht werden können. Koch erwähnt [2]), daß die neuen Arbeiten einem rheinisch-französischen Rechtsbeamten übertragen worden seien, in dessen Wohnung er durch mehrmalige Besprechungen an den Arbeiten mitgewirkt habe. Zieht man in Rücksicht, daß Bischoff und Simons schon seit Beginn des ständischen Ausschusses als Vertreter der Regierung mitgewirkt haben, daß die beiden nach dem Vorschlage Savignys grundlegend bei der Textredaktion mitarbeiten sollten, so wird man nicht fehlgehen, in diesem rheinischen Rechtsbeamten einen der beiden Genannten zu suchen. Da nun aber Simons bald darauf Justizminister wurde und als solcher naturgemäß nur die Leitung der Gesetzgebungsarbeiten in den Händen hatte, bleibt von ihnen nur Bischoff als Urheber des Entwurfes übrig. Diese Ansicht hat um so mehr für sich übrig, als es Bischoff war, der die Zusammenstellung und Prüfung des gesamten Materials zur Herstellung des Entwurfs 1843 vorgenommen hatte [4]). Ihm darf man also ohne weiteres die nötigen Fähigkeiten zur Vornahme gerade dieser Arbeit zutrauen.

Zum andern ist noch der Punkt hervorzuheben, daß die Besprechungen Kochs in der Wohnung des Bearbeiters stattgefunden haben. Dadurch wird auch erklärlich, daß sich in den Akten des Justizministeriums über diese eigentlichen Vorarbeiten keinerlei Material vorfindet. Dies dürfte somit nur im Privatbesitz Bischoffs gewesen und auch verblieben sein. Nachforschungen danach haben bis jetzt noch nicht zu einem greifbaren Ergebnis geführt.

---

[1]) also „den Entwurf 1848".

[2]) Koch, Allgemeines Landrecht. 1854. Bd. 4, S. 880, Anm.

[3]) Vgl. oben S. 29.

Systematisch zeigt der Entwurf eine völlige Selbständigkeit gegenüber dem Entwurf von 1847, weshalb eine erstmalige Herausgabe empfehlenswert erscheint. Es blieb zu erwägen, ob dieser Entwurf besonders zu zählen sei, da ihm die Motive und das Einführungsgesetz nebst allem offiziellen Beiwerk fehlen. Eine genauere Prüfung jedoch ergab, daß der Entwurf ein Vorstadium des im Jahre 1849 erschienenen „Entwurfs eines allgemeinen deutschen Strafgesetzbuchs" bildet, mit dem er in der Hauptsache identisch ist, aber immerhin in grundlegenden Fragen (z. B. in der Behandlung der mildernden Umstände) erhebliche Abweichungen zeigt.

Daß dieser Entwurf für Preußen gedacht war, erweist ausschlaggebend sein § 3, welcher sein Anwendungsgebiet auf Preußen ausdrücklich bestimmt.

Erwähnenswert bliebe an dieser Stelle noch, daß dem Entwurf der dritte Teil der Polizeistrafgesetze fehlt. Er ist jedoch in Aussicht genommen gewesen, da der § 1 Abs. 3 nach dem vom ständischen Ausschuß bereits angenommenen Grundsatze der Dreiteilung die Übertretungen bereits in Rücksicht zieht, ohne sie jedoch in Teil I oder II besonders zu bearbeiten.

Der elfte Entwurf.

Ununterbrochen nehmen auch jetzt noch die Arbeiten ihren Fortgang. Auf Veranlassung des Justizministers wird Baumeister damit betraut, den Entwurf 1848 durchzuarbeiten und mit Bemerkungen zu versehen. Diese werden von ihm am 27. Dezembet 1848 zu den Akten eingereicht und von einer kleinen Anzahl Sachverständiger, wie Simons an den badischen Justizminister Stabel schreibt, nochmals durchberaten. Die hierbei beschlossenen Änderungen sind am 14. August des Jahres 1850 zum Abschluß gekommen. Simons beabsichtigt, eine erforderliche Anzahl von Exemplaren fertigstellen zu lassen und alsdann den Entwurf dem Staatsministerium vorzulegen. Darauf soll die Ermächtigung zur Einbringung bei den Kammern erwirkt werden.

Am 2. September wird der Entwurf emaniert und am 6. September 1850 zu den Generalakten gelegt. Damit ist der elfte

Entwurf beendet und die gesamten Gesetzgebungsarbeiten zum Abschluß gebracht.

Das Staatsministerium reicht am 4. November 1850 dem König eine Denkschrift über den Entwurf ein. Es betont ausdrücklich darin, daß der vorgelegte Entwurf auf den „Prinzipien des Strafrechts, wie sie sich im Laufe der Zeit in der Gesetzgebung, der Doktrin und der Jurisprudenz der deutschen Gerichtshöfe entwickelt haben", beruht. Immerhin ist es im wesentlichen beim Entwurf von 1847 geblieben.

Die inneren Gründe dieses Zurückgreifens auf den Entwurf von 1847 zu erörtern, ist hier nicht am Platze. Man wird sie unschwer mit den Ereignissen des Jahres 1849 in Zusammenhang bringen können, wenn man die im besonderen Teil[1]) erwähnte Tatsache berücksichtigt, daß die Vorschriften über Polizeiaufsicht und Polizeigewalt im Gesetz von 1851 gegenüber dem Entwurf von 1848 eine Verschärfung im Sinne des früheren altpreußischen Geistes erfahren haben.

Der Entwurf nebst Einführungsgesetz kam am 3. Januar 1851 vor die Zweite Kammer, welche ihn einer Kommission von 21 Mitgliedern überwies.

Die Abänderungsanträge wurden mit den Entwürfen am 27. März 1851 von der Zweiten Kammer im ganzen angenommen. Die Genehmigung der Ersten Kammer erfolgte am 12. April 1851, an die sich am 14. April 1851 die königliche Sanktion mit Wirkung der Gesetzeskraft vom 1. Juli 1851 anschloß.

---

[1]) Vgl. „Entwurf 1849 als Bindeglied ..."

Anhang.

Inhalts-Übersicht.

I.

Die preußischen Strafrechts-Entwürfe.

I. Periode: 1795—1819.

1.	Entwurf:	1800.	(Klein.)
2.	„	1801.	(v. Schlechtendahl.)
3.	„	1804.	(Kommission.)
4.	„	1805.	(v. Goßler.)
5.	„	1819.	(Sack.)

II. Periode: 1825—1851.

1.	Entwurf:	1826.	(Bode.)
2.	„	1828.	(Kommission.)
3.	„	1830.	
4.	„	1833/34.	
5.	„	1836.	
6.	„	1843.	
7.	„	1845.	
8.	„	1846.	
9.	„	1847.	
10.	„	1848.	
11.	„	1851.	

II.

I. Periode.

2. Entwurf.

(v. Schlechtendahl.)

1801.

III.

Strafgesetzbuch

für die

Preußischen Staaten.

Erster Teil.

Von den Verbrechen und deren Bestrafung.

(v. Goßler.)

1804.

Inhalt.

IV.

Allgemeines Strafrecht.

für die

Preußischen Staaten.

Erster Teil.

Strafgesetze.

(1819.)

(Sack.)

Inhalt.

Entwurf des Strafgesetzbuchs für die Preußischen Staaten 1848.

Inhalt und Sachregister.

Vorbemerkung.

Die Inhaltsübersicht und das Sachregister fehlen beim Entwurf, der sich, als im Vorbereitungstadium befindlich, nur in einem hektographierten Exemplar bei den Akten des Justizministeriums erhalten hat. Andere Abzüge lassen sich bisher noch nicht nachweisen.

Die Inhaltsübersicht zeigt eine Zusammenstellung der Titelüberschriften mit Verweisung auf die einzelnen Paragraphen.

Das Sachregister enthält die Stichworte zu den Verbrechen und Vergehen. Übertretungen sind nur insoweit berücksichtigt, als sie von den „einleitenden Bestimmungen" behandelt werden, da ja der beabsichtigte letzte Teil der besonderen Übertretungen nicht zur Ausführung gekommen ist. Die hauptsächlichsten Bestimmungen, welche im Entwurf 1848 fehlen, dagegen im Einheitsstrafrecht von 1849 enthalten sind, werden im Register zwar dem Stichwort nach aufgeführt, aber durch das Zeichen = kenntlich gemacht.

Auf Vollständigkeit ist das Register nicht angelegt.

Zeichenerklärung:

(A . . .) bedeutet den entsprechenden Artikel des Entwurfs 1849.

(§ . . .) bedeutet den entsprechenden Paragraphen des Preußischen Strafgesetzbuchs 1851.

Inhalt.

Einleitende Bestimmungen.

§ 1. (A. 1. § 1.)

Eine Handlung, welche die Gesetze mit Zuchthausstrafe oder mit der Strafe der Einschließung bedrohen, ist ein **Verbrechen.**

Eine Handlung, welche die Gesetze mit Gefängnißstrafe oder im höchsten Strafmaaße mit Geldstrafe von mehr als zehn Thalern bedrohen, ist ein **Vergehen.**

Eine Handlung, welche die Gesetze mit Polizeihaft oder einer Geldstrafe bis zu zehn Thalern bedrohen, ist eine **Übertretung.**

§ 2. (A. 2. § 2.)

Kein Verbrechen, kein Vergehen und keine Übertretung kann mit einer Strafe belegt werden, die nicht gesetzlich bestimmt war, bevor die Handlung begangen wurde.

§ 3. (A. 3. § 3.)

Die preußischen Strafgesetze finden Anwendung auf alle im Inlande begangenen strafbaren Handlungen, auch wenn der Thäter ein Ausländer ist.

§ 4. (A. 4. § 4.)

Ein Preuße, welcher im Auslande ein Verbrechen oder Vergehen gegen die innere oder äußere Sicherheit des Preußischen Staats oder ein Münzverbrechen zum Nachtheil des Preußischen Staats begeht, kann in Preußen nach preußischen Gesetzen verfolgt und bestraft werden.

Ein Ausländer, welcher im Auslande ein Verbrechen oder Vergehen gegen die innere Sicherheit des Preußischen Staats oder ein Münzverbrechen zum Nachtheil des Preußischen Staats begeht, kann in Preußen nach preußischen Gesetzen verfolgt und bestraft werden, wenn er in Preußen betroffen oder an die Regierung ausgeliefert wird.

§ 5. (A. 4, 2. § 4, 3.)

Ein Preuße, welcher im Auslande zum Nachtheil eines Preußen oder eines Ausländers eine Handlung verübt, welche nach preußischen Gesetzen ein Verbrechen oder Vergehen ist und auch durch die Gesetze des Orts, wo sie begangen wurde, mit Strafe bedroht ist, kann nach seiner Rückkehr nach preußischen Gesetzen verfolgt und bestraft werden, sofern nicht von den Gerichten des Auslandes über seine Handlung rechtskräftig erkannt und die etwa gegen ihn ausgesprochene Strafe vollzogen ist.

§ 6. (A. 5. § 4 Abs. 3.)

Übertretungen, die im Auslande begangen werden, sollen in Preußen nur dann bestraft werden, wenn dies durch besondere Gesetze oder Staatsverträge angeordnet ist.

§ 7. (A. 6. § 5.)

Die allgemeinen Strafgesetze finden auch auf Militärpersonen Anwendung.

Die Strafen der Militär-Verbrechen sind durch besondere Gesetze bestimmt.

Erster Theil.

Von der Bestrafung der Verbrechen und Vergehen im Allgemeinen.

Erster Titel.

Von den Strafen.

§ 8. (A. 8. § 10.)

Die Zuchthausstrafe ist entweder lebenswierig oder auf bestimmte Zeit.

Die Dauer der zeitigen Zuchthausstrafe ist mindestens zwei und höchstens zwanzig Jahre.

§ 9. (A. 9. § 11.)

Die zur Zuchthausstrafe Verurtheilten werden in einer Strafanstalt verwahrt und zu den in derselben eingeführten Arbeiten angehalten.

§ 10. (A. 10. 9, 2. § 11, 3, 2, 21.)

Die Verurtheilung zur Zuchthausstrafe zieht den Verlust der staatsbürgerlichen Rechte von Rechts wegen nach sich. Während der Strafzeit sind die zur Zuchthausstrafe Verurtheilten unfähig, ihr Vermögen zu verwalten und unter Lebenden darüber zu verfügen; sie werden nach den Formen, die zur Ernennung der Vormünder vorgeschrieben sind, unter Vormundschaft gestellt; auch darf ihnen während der Strafzeit kein Theil ihres Vermögens oder ihrer Einkünfte verabfolgt werden.

§ 11. (A. 11. § 13.)

Die Strafe der Einschließung besteht in Freiheitsentziehung mit Beaufsichtigung der Beschäftigung und der Lebensweise der Gefangenen; sie wird in einer vom Zuchthause verschiedenen Anstalt vollstreckt.

Mit der Strafe der Einschließung ist der Verlust der staatsbürgerlichen Rechte verbunden.

Die Einschließung kann nicht unter einem Jahre und nicht über zwanzig Jahre erkannt werden.

§ 12. (A. 12. § 14. 15, 2.)

Die zur Gefängnißstrafe Verurtheilten werden in einer Gefangenenanstalt eingeschlossen und daselbst in einer ihren Fähigkeiten angemessenen Weise beschäftigt.

Die Dauer der Gefängnißstrafe soll mindestens einen Tag und, sofern nicht das Gesetz ausdrücklich ein Anderes bestimmt, höchstens drei Jahre betragen.

§ 13. (A. 13. § 15.)

Bei den nach Tagen, Wochen oder Monaten bestimmten Gefängnißstrafen wird der Tag zu vierundzwanzig Stunden, die Woche zu sieben Tagen, der Monat zu dreißig Tagen gerechnet.

§ 14. (A. 14. § 17.)

Geldstrafen können nicht unter dem Betrage Eines Thalers erkannt werden.

An die Stelle einer Geldstrafe, welche wegen Unvermögens des Verurtheilten nicht beigetrieben werden kann, soll Gefängnißstrafe treten.

Die Dauer derselben soll vom Richter so bestimmt werden, daß der Betrag von Einem Thaler einer Gefängnißstrafe von Einem Tage gleichgeachtet wird; diese Gefängnißstrafe darf niemals sechs Monate übersteigen.

§ 15. (A. 16. § 20.)

Geldstrafen können in den Nachlaß eines Verstorbenen nur dann geltend gemacht werden, wenn derselbe bei Lebzeiten rechtskräftig verurtheilt worden ist.

§ 16. (A. 15. § 19.)

Die Confiscation findet nur in Beziehung auf einzelne Gegenstände statt. Gegenstände, welche durch das Verbrechen oder Vergehen hervorgebracht, oder welche zur Begehung desselben gebraucht oder bestimmt worden sind, sollen, sofern sie dem Thäter oder einem Theilnehmer der That gehören, konfiscirt werden.

§ 17. (A. 10, 2. § 12.)

Der Verlust der staatsbürgerlichen Rechte besteht:

1) in der Unfähigkeit, öffentliche Ämter, Würden, Titel, Orden und Ehrenzeichen zu führen oder zu erlangen;
2) in der Unfähigkeit, Geschworener zu sein, zu stimmen, zu wählen oder gewählt zu werden, oder die aus öffentlichen Wahlen hervorgegangenen oder andere politische Rechte auszuüben;
3) in der Unfähigkeit, Sachverständiger zu sein, als Zeuge bei Urkunden zugezogen und vor Gericht als solcher eidlich vernommen zu werden;
4) in der Unfähigkeit, Vormund, Neben-Vormund, Curator, gerichtlicher Beistand oder Mitglied eines Familienrathes zu sein, es sei denn, daß es sich um die eigenen Kinder handle und die obervormundschaftliche Behörde oder der Familienrath die Genehmigung ertheile;

5) in der Unfähigkeit, eine Schule zu halten oder in irgend einer Unterrichtsanstalt Lehrer zu sein;
6) in der Unfähigkeit, Waffen zu tragen, zur Bürgerwehr zu gehören und in der Armee zu dienen.

§ 18. (A. 17. § 21.)

Wenn das Gesetz bei einzelnen Vergehen die Untersagung der Ausübung der staatsbürgerlichen Rechte anordnet, so können die Gerichte die Ausübung der im § 17 erwähnten staatsbürgerlichen Rechte auf bestimmte Zeit untersagen. Diese Zeit soll wenigstens Ein Jahr und höchstens zehn Jahre betragen. Sie beginnt mit dem Tage, an welchem das Erkenntniß rechtskräftig wird.

§ 19. (A. 18. § 22.)

Die Untersagung der Ausübung der staatsbürgerlichen Rechte auf Zeit hat zugleich den Verlust aller aus früheren öffentlichen Wahlen für den Verurtheilten hervorgegangenen Rechte, sowie den Verlust der öffentlichen Ämter, Würden, Titel, Orden und Ehrenzeichen von Rechts wegen zur Folge.

§ 20. (A. 19. § 23.)

Entlassene Staatsdiener werden durch den Verlust der staatsbürgerlichen Rechte und die Untersagung der Ausübung derselben auf bestimmte Zeit der ihnen aus der Staatskasse zu zahlenden Pensionen und Gnadengehalte von Rechts wegen verlustig.

§ 21. (A. 20. § 26.)

Die Stellung unter besondere Polizeiaufsicht soll auf die Dauer von wenigstens Einem Jahre und höchstens fünf Jahren erkannt werden.

Sie beginnt nach Vollstreckung der Freiheitsstrafe.

§ 22. (A. 21. § 27.)

Die Stellung unter besondere Polizeiaufsicht hat folgende Wirkungen:

1) es kann dem Verurtheilten der Aufenthalt an einzelnen bestimmten Orten, mit Ausnahme seines Wohnortes zur Zeit der That, von der landespolizeilichen Behörde untersagt werden;

2) es kann bei ihm zu jeder Zeit Haussuchung gehalten werden.

§ 23. (A. 22. § 29.)

Die Landesverweisung kann nur gegen Ausländer erkannt werden. Sie soll gegen dieselben neben jeder Verurtheilung zu einer zeitigen Zuchthausstrafe, sowie auch in den Fällen ausgesprochen werden, in welchen gegen einen Preußen auf Stellung unter besondere Polizeiaufsicht zu erkennen sein würde.

§ 24. (A. 23. § 30.)

Alle Strafurtheile, in welchen auf Zuchthausstrafe oder Einschliessung erkannt wird, sollen durch das Amtsblatt des Bezirks, in welchem das erkennende Gericht seinen Sitz hat, öffentlich bekannt gemacht werden.

Zweiter Titel.

Von dem Versuche.

§ 25. (A. 24. § 31.)

Der Versuch ist nur dann strafbar, wenn derselbe Handlungen, welche einen Anfang der Ausführung enthalten, an den Tag gelegt und durch äußere, von dem Willen des Thäters unabhängige Umstände verhindert worden oder ohne Erfolg geblieben ist.

§ 26. (A. 25. § 32.)

Der Versuch eines Verbrechens wird wie das Verbrechen selbst bestraft.

Ist jedoch das Verbrechen mit lebenslänglicher Zuchthausstrafe bedroht, so besteht die Strafe des Versuchs in zeitiger Zuchthausstrafe von mindestens zehn Jahren.

§ 27. (A. 26. § 33.)

Der Versuch eines Vergehens wird nur in den Fällen bestraft, in welchen die Gesetze dies ausdrücklich bestimmen. Derselbe wird alsdann wie das Vergehen selbst bestraft.

Dritter Titel.

Von der Theilnahme an einem Verbrechen oder Vergehen.

§ 28. (A. 27—30, 1. § 34.)

Als Theilnehmer eines Verbrechens oder Vergehens wird bestraft:

1) wer den Thäter durch Geschenke oder Versprechen, durch Drohungen, Mißbrauch des Ansehens oder der Gewalt, durch absichtliche Herbeiführung oder Beförderung eines Irrthums oder durch listige Kunstgriffe zur Begehung eines Verbrechens oder Vergehens verleitet oder bestimmt hat;
2) wer dem Thäter zur Begehung des Verbrechens oder Vergehens Anleitung gegeben hat, ingleichen wer Waffen, Werkzeuge oder andere Mittel, welche zu der That gedient haben, wissend, daß sie dazu dienen sollten, verschafft hat, oder wer in den Handlungen, welche die That vorbereitet, erleichtert oder vollendet haben, dem Thäter wissentlich Hülfe geleistet hat;
3) wer geraubte, gestohlene, unterschlagene Gegenstände oder mittelst eines Verbrechens oder Vergehens erlangte Sachen ganz oder zum Theil wissentlich verhehlt.

§ 29. (A. 28—30, 2. § 35.)

Die Theilnehmer eines Verbrechens oder Vergehens werden mit derselben gesetzlichen Strafe wie der Thäter bestraft.

Jedoch kommen die erschwerenden Umstände, unter welchen das Verbrechen verübt wurde, bei Bestrafung des Theilnehmers nur dann in Betracht, wenn festgestellt wird, daß er zur Zeit der Theilnahme von diesem Umstande Kenntniß gehabt hat.

Vierter Titel.

Von den Gründen, welche die Strafen ausschließen oder mindern.

§ 30. (A. 31. § 40.)

Ein Verbrechen oder Vergehen ist nicht vorhanden, wenn der Thäter zur Zeit der That seiner Vernunft nicht mächtig, oder die freie Willensbestimmung desselben durch Gewalt oder durch Drohung ausgeschlossen war.

§ 31. (A. 33—34. § 42.)

Personen, welche das zwölfte Lebensjahr nicht vollendet haben, können ein Verbrechen oder Vergehen nicht begehen.

Wird bewiesen, daß sie eine That begangen haben, welche das Gesetz als Verbrechen oder Vergehen bezeichnet, so bestimmt der Richter, ob sie ihren Eltern oder Vormündern überwiesen oder in eine Besserungsanstalt gebracht werden sollen. In der Besserungsanstalt sind sie so lange zu behalten, als die der Anstalt vorgesetzte Verwaltungsbehörde solches für erforderlich erachtet; jedoch nicht über das zurückgelegte zwanzigste Lebensjahr hinaus.

Dasselbe gilt in dem Falle, daß festgestellt wird, daß Personen, welche das zwölfte, aber noch nicht das achtzehnte Lebensjahr vollendet haben, eine That, welche das Gesetz als ein Verbrechen oder Vergehen bezeichnet, ohne Unterscheidungsvermögen begangen haben.

§ 32. (A. 35. § 43.)

Wird festgestellt, daß Personen, welche das zwölfte, aber noch nicht das achtzehnte Lebensjahr vollendet haben, ein Verbrechen oder Vergehen mit Unterscheidungsvermögen begangen haben, so kommen in Beziehung auf sie folgende Bestimmungen zur Anwendung:

1) auf Zuchthausstrafe, auf Einschließung, auf zeitige Untersagung der staatsbürgerlichen Rechte und auf Stellung unter besondere Polizeiaufsicht soll nicht erkannt und an Stelle der Zuchthausstrafe oder der Einschließung Gefängnißstrafe ausgesprochen werden;
2) ist das Verbrechen mit lebenswieriger Zuchthausstrafe bedroht, so wird auf Gefängniß von drei bis zu fünfzehn Jahren erkannt;
3) in den übrigen Fällen soll die Hälfte des höchsten gesetzlichen Strafmaaßes nicht überschritten werden;
4) die Gefängnißstrafe soll entweder in eigens für jugendliche Personen bestimmten Gefangenenanstalten, oder zwar in der ordentlichen Gefangenenanstalt, jedoch in abgesonderten Räumen vollstreckt werden.

§ 33. (A. 32, 1. § 41.)

Ein Verbrechen oder Vergehen ist nicht vorhanden, wenn die That durch die Nothwendigkeit, sich selbst oder andere gegen einen rechtswidrigen Angriff zu vertheidigen (Nothwehr), geboten wird.

§ 34.

Zu den Fällen der Nothwehr gehört, wenn zur Nachtzeit die Ersteigung oder Erbrechung der Einfriedigung, der Mauern oder des Eingangs einer Wohnung oder der Zubehörungen derselben abgewehrt wird.

§ 35. (A. 32, 2. § 41.)

Der Nothwehr ist gleichzuachten, wenn der Thäter nur aus Bestürzung, Furcht oder Schrecken über die Grenzen desjenigen hinausging, was durch die Vertheidigung geboten war.

§ 36. (A. 36. 45.)

Nach Ablauf der Verjährungszeit findet die Verfolgung und Bestrafung eines Verbrechens oder Vergehens nicht mehr statt.

§ 37. (A. 37. § 46.)

Verbrechen, welche mit einer Freiheitsstrafe von einer längeren als zehnjährigen Dauer bedroht sind, verjähren in zwanzig Jahren.

Vergehen, die mit einer höheren als dreimonatlichen Gefängnißstrafe bedroht sind, verjähren in fünf Jahren; alle anderen Vergehen in Einem Jahre.

Der Lauf der Verjährung beginnt mit dem Tage des begangenen Verbrechens oder Vergehens.

§ 38. (A. 39. § 49.)

Rechtskräftig erkannte Strafen verjähren, wenn sie in Freiheitsstrafen von mehr als fünfjähriger Dauer bestehen, in zwanzig Jahren; in allen übrigen Fällen in zehn Jahren vom Tage der Rechtskraft des Erkenntnisses.

Fünfter Titel.

Vom Zusammentreffen mehrerer Verbrechen und vom Rückfalle.

§ 39. (A. 41. § 55.)

Wenn ein und dieselbe Handlung die Merkmale mehrerer Verbrechen oder Vergehen in sich vereinigt, so kommt das Strafgesetz zur Anwendung, welches die schwerste Strafe androht.

§ 40. (A. 42. § 56.)

Hat ein Angeschuldigter ein oder mehrere Verbrechen und ein oder mehrere Vergehen begangen, so kommt nur die Strafe der Verbrechen zur Anwendung.

Hat ein Angeschuldigter mehrere Verbrechen begangen, so kommt die Strafe des schwersten Verbrechens, und hat er mehrere Vergehen begangen, die Strafe des schwersten Vergehens zur Anwendung; jedoch ist auf zeitige Untersagung der Ausübung der staatsbürgerlichen Rechte und die Stellung unter besondere Polizeiaufsicht auch dann zu erkennen, wenn auch nur eines der Verbrechen oder Vergehen diese Strafen nach sich zieht.

§ 41. (A. 43. § 58.)

Wer, nachdem er wegen eines Verbrechens oder Vergehens von einem preußischen Gerichte rechtskräftig verurtheilt worden ist, dasselbe Verbrechen oder Vergehen, sei es mit oder ohne erschwerende Umstände, begeht, befindet sich im Rückfalle.

Insofern das Gesetz keine besondere Rückfallstrafe bestimmt, kann wegen Rückfalls die Strafe bis zur Hälfte des höchsten gesetzlichen Strafmaaßes gesteigert und hierbei das höchste gesetzliche Maaß der Gefängnißstrafe bis auf vier und ein halbes Jahr erhöht werden.

Bei Verbrechen, welche mit zeitiger Freiheitsstrafe bedroht sind, darf die Dauer von zwanzig Jahren selbst im Rückfalle nicht überschritten werden.

§ 42. (A. 44. § 59.)

Der Rückfall ist auch dann vorhanden, wenn die That in dem früheren oder späteren Falle, oder in beiden Fällen, die Theilnahme an einem Verbrechen oder Vergehen oder den Versuch eines Verbrechens oder Vergehens darstellt.

§ 43. (A. 45. § 60.)

Die Straferhöhung wegen Rückfalls tritt nicht ein, wenn seit dem Zeitpunkt, in welchem die Strafe des zuletzt begangenen früheren Verbrechens oder Vergehens abgebüßt oder erlassen worden war, zehn Jahre verflossen sind.

Zweiter Theil.

Von den einzelnen Verbrechen und Vergehen und deren Bestrafung.

Erster Titel.

Verbrechen gegen die innere Sicherheit des Staats.

§ 44.

Wer:

1) das Leben, die Gesundheit oder die Freiheit des Königs gefährdet,
2) das Königliche Haus oder den König verdrängt,
3) die Staatsverfassung gewaltsam verändert oder
4) das Staatsgebiet ganz oder theilweise einem fremden Staate einverleibt oder einen Theil des Staatsgebiets vom Ganzen losreißt,

begeht einen Hochverrath und soll mit lebenswieriger Zuchthausstrafe bestraft werden.

§ 45. (A. 46, Abs. 2. § 61. 62.)

Ist eine Handlung vorgenommen oder begonnen, durch welche der Hochverrath unmittelbar zur Ausführung gebracht werden soll, so wird das Unternehmen (Attentat) mit Zuchthaus von zehn bis zu zwanzig Jahren, sowie mit Stellung unter besondere Polizeiaufsicht bestraft.

§ 46. (A. 46, 48, 2, 49, 47. § 61, 66, 63, 65, 64.)

Wer in der Absicht, einen Hochverrath zu begehen, eine zur Ausführung desselben geeignete Vorbereitungshandlung vornimmt, soll mit Einschließung bis zu fünf Jahren, sowie mit Stellung unter besondere Polizeiaufsicht bestraft werden. Jedoch tritt Einschließung von zwei bis zu zehn Jahren, nebst Stellung unter besondere Polizeiaufsicht ein,

1) wenn unter mehreren Personen eine Verabredung getroffen ist, welche die Ausführung eine Hochverrathes zum Gegenstand hat (Komplott);

2) wenn durch Reden an öffentlichen Orten oder bei öffentlichen Zusammenkünften oder durch Schriften, Abbildungen oder andere Darstellungen, welche verkauft, ausgetheilt oder sonst verbreitet oder öffentlich ausgestellt oder angeschlagen werden, zu einem Hochverrath aufgefordert wird;
3) wenn zur Ausführung eines Hochverrathes ein Einverständniß mit einer auswärtigen Regierung getroffen, oder die vom Staate anvertraute Macht mißbraucht, oder Mannschaften angeworben oder eingeübt werden.

Hat die Aufforderung (Nr. 2) einen Hochverrath (§ 44) oder ein Attentat des Hochverraths (§ 45) zur Folge gehabt, so tritt die Strafe dieser Verbrechen ein.

§ 47. (A. 50.)

Jeder Theilnehmer an einem hochverrätherischen Unternehmen (§ 45 & 46), welcher von dem Unternehmen und von seinen Mitschuldigen zu einer Zeit, in welcher die Ausführung des Hochverrathes verhindert werden kann, der davon noch nicht unterrichteten Behörde Anzeige macht, soll von Strafe frei sein.

§ 48.

Wer die Bürger des Staates gegen einander bewaffnet oder zur Bewaffnung verleitet und dadurch einen Bürgerkrieg erregt, ingleichen, wer Verheerung, Mord oder Plünderung in eine oder mehrere Gemeinden bringt, hat lebenswierige Zuchthausstrafe verwirkt.

Für das Attentat und die vorbereitende Handlung des Verbrechens kommen die in den §§ 45, 46 und 47 bestimmten Strafen nach den dort aufgestellten Unterscheidungen zur Anwendung.

§ 49. (A. 51. § 97.)

Wer unbefugt bewaffnete Haufen bildet oder eine Mannschaft, von der er weiß, daß sie ohne gesetzliche Befugniß gesammelt ist, mit Waffen oder Kriegsbedürfnissen versieht, wird mit Gefängniß von drei Monaten bis zu zwei Jahren bestraft; auch kann derselbe unter besondere Polizeiaufsicht gestellt werden.

§ 50. (74.)

Wer sich einer Thätlichkeit gegen die Person des Königs schuldig macht, soll mit Einschließung von zwei bis zu acht Jahren bestraft werden.

§ 51. (§ 75.)

Wer durch Reden, Zeichen, Schriften, Abbildungen oder andere Darstellungen die Ehrfurcht gegen den König verletzt, wird mit Gefängniß von vier Wochen bis zu zwei Jahren bestraft.

§ 52. (§ 76.)

Wer sich einer Thätlichkeit gegen die Person der Königin oder des Thronfolgers schuldig macht, wird mit Einschließung von Einem bis zu fünf Jahren bestraft.

§ 53. (§ 77.)

Wer durch Reden, Zeichen, Schriften, Abbildungen oder andere Darstellungen die Königin oder den Thronfolger beleidigt, wird mit Gefängniß von einem bis zu achtzehn Monaten bestraft.

Zweiter Titel.

Verbrechen gegen die äußere Sicherheit des Staats.

§ 54. (A. 54. § 68.)

Ein Preuße, welcher die Waffen gegen den Preußischen Staat oder die mit ihm zur Bekämpfung eines gemeinschaftlichen Feindes verbündeten Truppen trägt, wird mit Zuchthaus von zehn bis zu zwanzig Jahren bestraft.

Wird festgestellt, daß der Preuße schon vor Ausbruch des Krieges in dem Heere des feindlichen Staates Dienste genommen hatte, so ist die Handlung straflos.

§ 55. (A. 55. § 67.)

Ein Preuße, welcher mit einer fremden Regierung in Verbindung tritt, um dieselbe zu einem Kriege gegen den Preußischen Staat zu veranlassen, wird mit Zuchthaus von zehn bis zu zwanzig Jahren bestraft.

Ist der Krieg wirklich ausgebrochen, so trifft den Schuldigen lebenswierige Zuchthausstrafe.

§ 56. (A. 56. § 69.)

Ein Preuße, welcher während eines gegen den Preußischen Staat ausgebrochenen Krieges einer feindlichen Macht wissentlich

Vorschub leistet, derselben Hülfe anbietet oder zusagt, oder den Truppen des Preußischen Staats oder seiner Bundesgenossen wissentlich Nachtheil zufügt, wird mit Zuchthaus bis zu zehn Jahren bestraft. Zuchthaus von zehn bis zu zwanzig Jahren tritt ein, wenn der Thäter:

1) Festungen, Pässe, besetzte Plätze oder andere Vertheidigungsposten, ingleichen preußische oder verbündete Truppen oder einzelne Offiziere oder Soldaten in Feindesgewalt bringt;
2) dem Preußischen Staat oder seinen Bundesgenossen zugehörige Festungswerke, Kriegsschiffe, Kassen, Zeughäuser, Magazine oder andere Vorräthe von Waffen, Munition oder anderen Kriegsbedürfnissen in feindliche Gewalt bringt, zerstört oder unbrauchbar macht;
3) dem Feinde Mannschaften zuführt, oder Soldaten des preußischen oder verbündeten Heeres verleitet, zum Feinde überzugehen;
4) Operationspläne oder Pläne von Festungen oder von festen Stellungen dem Feinde mittheilt;
5) dem Feinde als Spion dient oder feindliche Spione aufnimmt, verbirgt oder ihnen Beistand leistet; oder
6) einen Aufstand unter den preußischen oder verbündeten Truppen erregt.

§ 57. (A. 58. § 71.)

Ein Preuße, welcher:

1) Staatsgeheimnisse oder Festungspläne, oder solche Urkunden, Aktenstücke oder Nachrichten, von denen er weiß, daß das Wohl des Staats deren Geheimhaltung einer fremden Regierung gegenüber erfordere, dieser Regierung mittheilt oder öffentlich bekannt macht, oder
2) zur Gefährdung der Rechte des Staats im Verhältniß zu einer fremden Regierung die darüber sprechenden Urkunden oder Beweismittel vernichtet, verfälscht oder unterdrückt, oder
3) ein ihm aufgetragenes Staatsgeschäft mit einer fremden Regierung vorsätzlich zum Nachtheil des Preußischen Staats führt,

wird mit Zuchthaus von fünf bis zu fünfzehn Jahren bestraft.

§ 58. (A. 57. § 70.)

Gegen Ausländer ist wegen der in den §§ 55, 56 und 57 erwähnten Handlungen nach dem Kriegsgebrauch zu verfahren.

Begehen sie aber solche Handlungen, während sie unter dem Schutze des Preußischen Staats in dessen Gebiet sich aufhalten, so kommen die daselbst bestimmten Strafen in Anwendung.

§ 59. (A. 59. § 72.)

Gegen diejenigen, welche wegen eines Verbrechens gegen die äußere Sicherheit des Staats zu zeitiger Zuchthausstrafe verurtheilt werden, kann auf Stellung unter besondere Polizeiaufsicht erkannt werden.

§ 60. (A. 60.)

Jeder Theilnehmer an einem Unternehmen gegen die äußere Sicherheit des Staats, welcher von dem Unternehmen und von seinen Mitschuldigen zu einer Zeit, in welcher die Ausführung verhindert werden kann, der davon noch nicht unterrichteten Behörde Anzeige macht, soll von Strafe frei sein.

Dritter Titel.

Verbrechen in Beziehung auf die Ausübung der staatsbürgerlichen Rechte.

§ 61. (A. 61.)

Wer durch Gewalt oder Drohung Staatsbürger hindert, in der Ausübung ihrer staatsbürgerlichen Rechte zu wählen oder zu stimmen, hat Gefängniß von drei Monaten bis zu Einem Jahre verwirkt.

§ 62. (A. 62. § 83.)

Wer durch Gewalt oder Drohung Abgeordnete der Kammer verhindert, sich an den Ort der Versammlung der Kammer zu begeben, oder dort zu bleiben, oder zu stimmen, wird mit Einschließung von einem bis zu fünf Jahren bestraft.

§ 63. (§ 82.)

Wenn eine der beiden Kammern durch Gewalt oder Drohung in der Freiheit des verfassungsmäßigen Zusammentretens, Berathens und Beschließens behindert oder gewaltsam auseinandergesprengt wird, so sollen die Thäter mit Einschließung von zehn bis zu zwanzig Jahren bestraft werden.

§ 64.

Einschließung von einem bis zu zehn Jahren haben verwirkt:

1) diejenigen, welche unter sich das in § 63 genannte Verbrechen verabreden;

2) diejenigen, welche durch Reden an öffentlichen Orten oder in öffentlichen Versammlungen, oder durch schriftliche oder Darstellungen, welche verbreitet oder zur öffentlichen Schau gestellt werden, zu diesem Verbrechen auffordern.

Hat die Aufforderung (Nr. 2) die Ausführung des Verbrechens zur Folge gehabt, so tritt die in § 63 bestimmte Strafe ein.

§ 65. (A. 63. § 85.)

Wer, mit der Sammlung der Wahl- oder Stimmzettel oder Zeichen beauftragt, vorsätzlich die rechtmäßige Anzahl derselben vermehrt oder vermindert oder einen Zettel oder ein Zeichen verfälscht, oder auf die Zettel derjenigen Personen, die nicht schreiben können, andere als die angegebenen Namen schreibt, wird mit Gefängniß von drei Monaten bis zu einem Jahre und mit Untersagung der Ausübung der staatsbürgerlichen Rechte auf die Dauer von mindestens fünf Jahren bestraft.

War der Thäter nicht mit Sammlung der Zettel oder Zeichen beauftragt, so ist die Strafe Gefängniß von Einem Monat bis zu Einem Jahre und zeitige Untersagung der Ausübung der staatsbürgerlichen Rechte auf die Dauer von höchstens fünf Jahren.

§ 66. (A. 64. § 86.)

Wer eine Wahlstimme für Geld oder andere Vortheile kauft oder verkauft, wird mit Gefängniß von drei Monaten bis zu Einem Jahre und mit Untersagung der Ausübung der staatsbürgerlichen Rechte auf die Dauer von mindestens fünf und höchstens zehn Jahren bestraft.

Vierter Titel.

Widerstand gegen die Staatsgewalt.

§ 67. (A. 65. § 89.)

Wer einen Beamten, welcher zur Vollstreckung der Gesetze, oder der Befehle und Verordnungen der Verwaltungsbehörden, oder der

Urtheile und Verordnungen der Gerichte berufen ist, während der Vornahme einer Amtshandlung angreift oder demselben durch Gewalt oder Drohung Widerstand leistet, wird mit Gefängniß von acht Tagen bis zu Einem Jahre, oder, wenn die Handlung mit Gebrauch von Waffen verübt wurde, mit Gefängniß nicht unter drei Monaten bestraft.

Dieselbe Strafe tritt ein, wenn der Angriff oder die Widersetzlichkeit gegen die bewaffnete Macht oder einzelne Mitglieder derselben in Ausübung des Dienstes erfolgt.

§ 68. (A. 66. § 90.)

Wer eine Behörde, einen Beamten oder ein Mitglied der bewaffneten Macht durch Gewalt oder Drohung zwingt, oder zu zwingen versucht, eine Amtshandlung vorzunehmen oder zu unterlassen, wird mit Gefängniß nicht unter drei Monaten, oder wenn die Handlung mit Waffen verübt wurde, mit Gefängniß nicht unter sechs Monaten bestraft.

§ 69. (A. 67. § 91.)

Wenn mehrere Personen sich öffentlich zusammenrotten und mit vereinten Kräften die in § 67 oder 68 genannten Handlungen verüben, so werden dieselben wegen Aufruhrs mit Gefängniß nicht unter drei Monaten bestraft; auch kann gegen sie auf Stellung unter besondere Polizeiaufsicht erkannt werden.

Diejenigen Theilnehmer, welche mit Waffen versehen waren, oder welche Gewaltthätigkeiten gegen Personen oder Sachen verübt haben, werden mit Einschließung von Einem bis fünf Jahren und Stellung unter besondere Polizeiaufsicht bestraft.

§ 70.

Wer durch Reden an öffentlichen Orten oder bei öffentlichen Zusammenkünften, oder durch Schriften, Abbildungen oder andere Darstellungen, welche verkauft, ausgetheilt oder sonst verbreitet oder öffentlich ausgestellt oder angeschlagen werden, zu einem Aufruhr auffordert, wird mit Gefängniß nicht unter sechs Monaten bestraft. Auch kann gegen ihn auf Stellung unter besondere Polizeiaufsicht erkannt werden.

Hat die Aufforderung einen Aufruhr zur Folge gehabt, so hat

der Auffordernde Einschließung bis zu fünf Jahren nebst Stellung unter besondere Polizeiaufsicht verwirkt.

§ 71. (A. 68. § 92.)

Wenn mehrere auf öffentlichen Wegen, Straßen oder Plätzen versammelte Personen von den Beamten der gerichtlichen oder der Verwaltungspolizei, oder von dem Befehlshaber der bewaffneten Macht aufgefordert werden, sich zu entfernen, so wird jeder von ihnen, welcher nach der Aufforderung den Platz nicht verlassen hat, mit Gefängniß von acht Tagen bis zu drei Monaten bestraft.

Wenn bei dem Auflauf einem Beamten der Polizei oder der bewaffneten Macht mit vereinten Kräften ein thätlicher Widerstand geleistet wird, so tritt gegen diejenigen, welche sich bei dem Widerstand betheiligt haben, die Strafe des Aufruhrs ein.

§ 72. (A. 69. § 94.)

Wer vorsätzlich bewirkt oder befördert hat, daß ein Gefangener aus einer Gefangenanstalt, oder aus der Gewalt der bewaffneten Macht, oder aus der Gewalt des Beamten, welcher ihn in Haft hat, entwichen oder befreit worden ist, wird mit Gefängniß von acht Tagen bis zu zwei Jahren bestraft.

§ 73. (A. 70. § 96.)

Wenn Gefangene in einer Gefangenanstalt sich zusammenrotten und entweder einen gewaltsamen Ausbruch ausführen oder versuchen, oder gegen die Aufseher sich widersetzen oder dieselben zu Handlungen oder Unterlassungen zu zwingen versuchen, so haben die Theilnehmer an der Meuterei Gefängniß nicht unter drei Monaten verwirkt; auch kann gegen sie auf Stellung unter besondere Polizeiaufsicht erkannt werden.

Diejenigen Theilnehmer, welche mit Waffen versehen waren, oder welche Gewaltthätigkeiten gegen Personen oder Sachen verübt haben, werden mit Zuchthaus bis zu fünf Jahren und Stellung unter besondere Polizeiaufsicht bestraft.

Die Strafe der Meuterei soll, unabhängig von der Strafe des Verbrechens oder Vergehens, wegen dessen die Meuterer verhaftet sind, ausgesprochen und unmittelbar nach dieser Strafe vollstreckt werden.

Fünfter Titel.

Verbrechen gegen die öffentliche Ordnung.

§ 74. (§ 101.)

Wer durch Reden an öffentlichen Orten, oder bei öffentlichen Zusammenkünften, oder durch Schriften, Abbildungen oder andere Darstellungen, welche verkauft, ausgetheilt oder sonst verbreitet oder öffentlich ausgestellt oder angeschlagen werden, gegen die Landesverfassung, die Gesetze, die Staatseinrichtungen oder die Maaßregeln der Verwaltung durch Erdichtung von Thatsachen oder durch Entstellung der Wahrheit, Haß oder Verachtung zu erwecken sucht, wird mit Gefängniß von vierzehn Tagen bis zu sechs Monaten bestraft.

§ 75. (A. 72. § 102.)

Wer eine der beiden Kammern oder eine andere politische Körperschaft oder wer eine öffentliche Behörde, ein Mitglied derselben, einen Geschworenen, einen öffentlichen Beamten, einen Religionsdiener oder ein Mitglied der bewaffneten Macht in Beziehung auf ihren Beruf oder während sie in Ausübung der Verrichtung ihres Berufes begriffen sind, durch Rede, Schrift, Zeichen, Abbildung oder andere Darstellungen beleidigt, wird mit Gefängniß von vierzehn Tagen bis zu sechs Monaten bestraft.

Hat die Beleidigung den Charakter der Verleumdung, so tritt die Strafe dieses Vergehens ein.

§ 76. (A. 73. § 104.)

Wer unbefugt sich mit der Ausübung eines öffentlichen Amtes befaßt, oder solche Handlungen unternimmt, die nur in Kraft eines öffentlichen Amtes vorgenommen werden dürfen, soll mit Gefängniß bis zu sechs Monaten bestraft werden.

§ 77. (A. 74. § 106.)

Wer Urkunden, Register, Akten oder sonstige Gegenstände, welche sich an einem öffentlichen Verwahrungsorte befinden, oder einem Beamten, zu dessen Amt die Verwahrung desselben gehört, in amtlicher Eigenschaft übergeben worden sind, vorsätzlich vernichtet oder beiseite schafft, wird mit Gefängniß nicht unter drei Monaten bestraft; auch kann gegen denselben auf zeitige Untersagung der Ausübung der staatsbürgerlichen Rechte erkannt werden.

§ 78. (A. 75. § 108.)

Wer ein amtliches Siegel, welches auf Befehl einer öffentlichen Behörde oder von einem öffentlichen Beamten angelegt ist, um Sachen zu verschließen, zu bezeichnen oder in Beschlag zu nehmen, ohne Befugniß vorsätzlich erbricht, ablöst oder beschädigt, wird mit Gefängniß von acht Tagen bis zu sechs Monaten bestraft.

§ 79. (A. 93. § 136.)

Wer durch Thätlichkeiten oder Drohungen eine oder mehrere Personen zwingt oder hindert, den Gottesdienst einer gesetzlich bestehenden Religionsgesellschaft auszuüben, ingleichen, wer in Kirchen oder anderen religiösen Versammlungsorten durch Erregung von Lärm oder Unordnung den Gottesdienst oder einzelne gottesdienstliche Verrichtungen einer gesetzlich bestehenden Religionsgesellschaft verhindert oder stört, soll mit Gefängniß von acht Tagen bis zu drei Monaten bestraft werden.

§ 80. (A. 94. § 135.)

Wer durch öffentliche Reden, Schriften, Abbildungen oder Darstellungen gegen eine gesetzlich bestehende Religionsgesellschaft oder ihre Lehren, Einrichtungen oder Gebräuche Haß oder Verachtung zu erwecken sucht, wird mit Gefängniß von vierzehn Tagen bis zu sechs Monaten bestraft.

§ 81. (A. 95. § 137.)

Wer unbefugt eine Leiche oder einen Theil derselben aus der Gewahrsam der dazu berechtigten Person wegnimmt, ingleichen, wer Gräber zerstört oder beschädigt, hat Gefängniß von vierzehn Tagen bis zu sechs Monaten verwirkt.

§ 82. (§ 110.)

Ein Preuße, welcher sich der Pflicht zum Eintritt in den Dienst des stehenden Heeres dadurch entzieht, daß er das Staatsgebiet verläßt oder außer demselben verweilt, wird mit Geldstrafe von Einhundert bis zu Eintausend Thalern bestraft.

§ 83. (A. 76. § 111.)

Wer gewohnheitsmäßig Preußen zum Militärdienst einer fremden Macht anwirbt oder den Werbern der letzteren zuführt, ingleichen, wer einen Preußischen Soldaten vorsätzlich zum Desertieren verleitet, oder die Desertion desselben vorsätzlich befördert, wird mit Gefängniß von drei Monaten bis zu zwei Jahren bestraft.

§ 84. (A. 77. § 113.)

Wer sich vorsätzlich durch Selbstverstümmelung oder auf andere Weise zu dem Militärdienst untauglich macht, oder durch einen andern untauglich machen läßt, wird mit Gefängniß von drei Monaten bis zu zwei Jahren und zeitiger Untersagung der Ausübung der staatsbürgerlichen Rechte bestraft.

Dieselbe Strafe hat der verwirkt, welcher den Andern auf dessen Verlangen zum Militärdienst untauglich macht.

§ 85. (A. 78. § 115.)

Ausländer, welche, nachdem sie des Landes verwiesen sind, ohne Erlaubniß zurückkehren, werden mit Gefängniß von Einem Monat bis zu Einem Jahre bestraft.

§ 86. (A. 79. § 116.)

Wer unter Polizeiaufsicht gestellt ist und der ihm in Ansehung der Wahl des Aufenthaltsortes auferlegten Beschränkung entgegenhandelt, wird mit Gefängniß von acht Tagen bis zu drei Monaten bestraft.

§ 87. (A. 80. § 117.)

Wer geschäftslos und arbeitslos umherzieht, ohne die Mittel zu seinem Unterhalte zu besitzen, oder ein Geschäft oder eine Arbeit aufzusuchen, wird als Landstreicher mit Gefängniß von acht Tagen bis zu drei Monaten bestraft. Gegen den Ausländer ist zugleich auf Verweisung aus dem Lande zu erkennen. Gegen den Inländer kann das Gericht zugleich verordnen, daß derselbe nach Ablauf der Gefängnißstrafe in ein Arbeitshaus gebracht werde.

§ 88. (A. 81. § 118.)

Die Bettelei wird in folgenden Fällen als Vergehen bestraft:

1) wenn jemand außerhalb der Gemeinde seines Wohnortes bettelt,
2) wenn jemand unter Drohung oder mit Waffen oder unter Gebrauch eines falschen Namens oder unter Vorspiegelung

eines Unglücksfalls, einer Krankheit oder eines Gebrechens bettelt;

3) wenn jemand bettelt, nachdem er in den letzten drei Jahren zwei oder mehrere Male wegen Bettelei rechtskräftig in Preußen verurtheilt worden ist.

Die Strafe ist Gefängniß von acht Tagen bis zu drei Monaten. Das Gericht kann zugleich gegen den Ausländer auf Landesverweisung, gegen den Inländer dahin erkennen, daß derselbe nach Ablauf der Gefängnißstrafe in ein Arbeitshaus gebracht werde.

§ 89. (A. 82. § 120.)

In dem Urtheile, welches gegen den Landstreicher oder Bettler die Ablieferung in ein Arbeitshaus verordnet, soll die Dauer derselben bestimmt werden. Sie darf niemals den Zeitraum von drei Jahren übersteigen. Die Verwaltungsbehörde ist jedoch befugt, die in dem Urtheile bestimmte Dauer nach den Umständen abzukürzen.

Sechster Titel.

Münzverbrechen.

§ 90. (A. 83. 84. § 121.)

Wer inländisches oder ausländisches Metallgeld oder Papiergeld nachmacht, wer ächtem Metallgeld oder Papiergeld durch Veränderungen an demselben den Schein eines höheren Werthes verschafft, ingleichen, wer verrufenem Metallgeld oder Papiergeld durch Veränderungen an demselben das Ansehen eines noch geltenden giebt, wird als Münzfälscher mit Zuchthaus von fünf bis zu fünfzehn Jahren bestraft und unter besondere Polizeiaufsicht gestellt.

Eine gleiche Strafe hat derjenige verwirkt, welcher falsches oder verfälschtes Geld, von dessen Unächtheit er Kenntniß hatte, als er in den Besitz des Geldes gelangt, aus dem Auslande einführt oder im Inlande in Umlauf setzt.

§ 91. (§ 122.)

Wer wissentlich falsches oder verfälschtes Geld, von dessen Unächtheit er Kenntniß hatte, als er in den Besitz des Geldes gelangt, als ächt ausgiebt oder auszugeben versucht, wird mit Gefängniß von acht Tagen bis zu drei Monaten, oder mit Geldbuße von fünf bis zu Einhundert Thalern bestraft.

§ 92. (A. 86. § 124.)

Dem Papiergelde (§ 90) werden gleichgeachtet die von dem Preußischen oder einem fremden Staate oder unter deren Autorität von Korporationen, Gesellschaften oder Privatpersonen ausgestellten, auf den Inhaber lautenden Schuldverschreibungen, Aktien oder deren Stelle vertretenden Interimsscheine oder Quittungen, sowie die zu diesen Papieren gehörigen Coupons oder Zinsscheine.

Siebenter Titel.

Meineid.

§ 93. (A. 87. § 125.)

Wer einen ihm gesetzlich zugeschobenen, zurückgeschobenen oder auferlegten Eid wissentlich falsch schwört, wird mit Zuchthaus bis zu fünf Jahren bestraft.

§ 94. (A. 88. § 126.)

Wer als Zeuge in einer Civil- oder Strafsache wissentlich ein falsches Zeugniß mit einem Eide bekräftigt, oder den vor seiner Vernehmung geleisteten Eid wissentlich durch ein falsches Zeugniß verletzt, wird mit Zuchthaus bis zu zehn Jahren bestraft.

Ist das falsche Zeugniß in einer Strafsache zum Nachtheil eines Angeschuldigten abgelegt und dieser zu einer höheren Strafe verurtheilt worden, so ist die Strafe Zuchthaus von zehn bis zu zwanzig Jahren.

§ 95. (A. 89. § 127.)

Wer als Sachverständiger in einer Civil- oder Strafsache wissentlich ein falsches Gutachten mit einem Eide bekräftigt oder den vor seiner Vernehmung geleisteten Eid wissentlich durch ein falsches Gutachten verletzt, wird gleich dem falschen Zeugen bestraft.

§ 96. (A. 90. § 128.)

Der Ausschwörung eines Eides wird gleichgeachtet:

1) wenn ein Mitglied einer Religionsgesellschaft, welcher das

Gesetz den Gebrauch gewisser Betheuerungsformeln an der Stelle des Eides gestattet, eine Erklärung unter der Betheuerungsformel seiner Religionsgesellschaft abgiebt;

2) wenn derjenige, welcher als Parteizeuge oder Sachverständiger einen Eid geleistet hat, in gleicher Eigenschaft eine Versicherung unter Berufung auf den bereits früher in derselben Angelegenheit geleisteten Eid abgiebt, oder wenn ein Sachverständiger, welcher als solcher ein für alle Male vereidet ist, eine Versicherung auf den von ihm einmal für alle Male geleisteten Eid abgiebt;

3) wenn ein vereideter Beamter eine amtliche Versicherung unter Berufung auf seinen Diensteid abgiebt.

§ 97. (A. 91.)

Wegen eines in einem strafgerichtlichen Vorverfahren abgelegten falschen Zeugnisses kann die Untersuchung nicht vor Einstellung jenes Vorverfahrens oder vor Beendigung des Hauptverfahrens eingeleitet werden. Ein Zeuge, welcher in dem Hauptverfahren einer Strafsache vernommen worden ist, kann wegen eines in dem Vorverfahren dieser Sache von ihm geleisteten falschen Zeugnisses nicht verfolgt oder bestraft werden.

§ 98. (A. 92. § 129.)

Wer die von einer öffentlichen Behörde geforderte Versicherung an Eidesstatt wissentlich falsch abgiebt, wird mit Gefängniß von drei Monaten bis zu Einem Jahre bestraft.

Achter Titel. (E. 10. Titel.)

Verbrechen gegen die Sittlichkeit.

§ 99. (A. 100. § 150.)

Wer öffentlich eine Verletzung der Schamhaftigkeit begeht, wird mit Gefängniß von drei Monaten bis zu Einem Jahre bestraft.

Auch kann zugleich auf zeitige Untersagung der Ausübung der staatsbürgerlichen Rechte erkannt werden.

§ 100. (A. 101. § 144.)

Mit Zuchthaus bis zu zehn Jahren wird bestraft:

1) wer an einer Person des einen oder des andern Geschlechts mit

Gewalt eine unzüchtige Handlung verübt oder sie durch Drohung mit gegenwärtiger Gefahr für Leib oder Leben zur Duldung einer unzüchtigen Handlung zwingt;

2) wer eine in einem willenlosen oder bewußtlosen Zustand befindliche Person zu einer unzüchtigen Handlung mißbraucht;

3) wer mit Personen unter vierzehn Jahren unzüchtige Handlungen treibt oder dieselben zur Verübung oder Duldung unzüchtiger Handlungen verleitet.

Ist der Tod der Person, gegen welche das Verbrechen verübt wird, dadurch verursacht worden, so ist in allen Fällen die Strafe Zuchthaus von fünf bis zu zwanzig Jahren.

§ 101. (A. 102. § 142.)

Mit Gefängniß von drei Monaten bis zu zwei Jahren, sowie mit zeitiger Untersagung der Ausübung der staatsbürgerlichen Rechte werden bestraft:

1) Eltern, welche mit ihren minderjährigen Kindern, — Vormünder, welche mit ihren Pflegebefohlenen, — Lehrer, Geistliche und Erzieher, welche mit ihren minderjährigen Schülern oder Zöglingen eine unzüchtige Handlung treiben, oder dieselben zur Verübung oder zur Duldung einer unzüchtigen Handlung verleiten;

2) Beamte, welche mit Personen, gegen die sie eine Untersuchung zu führen haben, oder die ihrer Obhut anvertraut sind, eine unzüchtige Handlung treiben, oder dieselben zur Verübung oder Duldung einer unzüchtigen Handlung verleiten;

3) Beamte, Ärzte oder Wundärzte, die an Gefängnissen, oder an öffentlichen zur Pflege von Kranken, Armen oder anderen Hülflosen bestimmten Anstalten beschäftigt oder angestellt sind, wenn sie mit den in der Anstalt aufgenommenen Personen eine unzüchtige Handlung treiben oder dieselben zur Verübung oder Duldung einer unzüchtigen Handlung verleiten.

§ 102. (A. 103. § 146.)

Weibspersonen, welche gewerbsmäßig Unzucht treiben, sollen mit Gefängniß bis zu vier Wochen bestraft werden.

Das Gericht kann zugleich gegen eine Ausländerin auf Landesverweisung, gegen eine Inländerin dahin erkennen, daß sie nach Beendigung der Gefängnißstrafe in ein Arbeitshaus gebracht werde.

Die Dauer der Einschließung in dem Arbeitshause soll in dem Urtheile bestimmt werden; sie darf niemals den Zeitraum eines Jahres übersteigen; die Verwaltungsbehörde ist befugt, die in dem Urtheile bestimmte Dauer nach den Umständen abzukürzen.

§ 103. (A. 104. § 147.)

Wer gewohnheitsmäßig durch seine Vermittelung, oder durch Gewährung oder Verschaffung von Gelegenheit, der Unzucht einer oder mehrerer Personen Vorschub leistet, wird wegen Kuppelei mit Gefängniß von sechs Monaten bis zu einem Jahre, sowie mit zeitiger Untersagung der Ausübung der staatsbürgerlichen Rechte und auf Stellung unter besondere Polizeiaufsicht bestraft.

§ 104. (A. 105. § 148.)

Die Kuppelei ist, selbst wenn sie nicht gewohnheitsmäßig betrieben wird, mit Gefängniß nicht unter Einem Jahre, sowie mit zeitiger Untersagung der Ausübung der staatsbürgerlichen Rechte auf die Dauer von mindestens fünf Jahren und Stellung unter besondere Polizeiaufsicht zu bestrafen:

1) wenn, um der Unzucht Vorschub zu leisten, hinterlistige Kunstgriffe angewendet worden sind;
2) wenn der Schuldige zu den Personen, mit welchen die Unzucht betrieben worden ist, in dem Verhältniß von Eltern zu Kindern, von Vormündern zu Pflegebefohlenen, oder von Erziehern, Lehrern oder Geistlichen zu den von ihnen zu erziehenden oder zu unterweisenden Personen steht.

§ 105. (A. 106. § 139.)

Ein Ehegatte, welcher vor Aufhebung seiner Ehe eine neue Ehe schließt, ingleichen die unverheirathete Person, welche mit einem Ehegatten, wissend daß er verheirathet ist, eine Ehe schließt, wird mit Zuchthaus bis zu fünf Jahren bestraft.

Neunter Titel. (E. 11. Titel.)

Verletzungen der Ehre.

§ 106. (A. 108. § 152.)

Wer sich öffentlich der Beleidigung eines Anderen schuldig macht, hat Gefängniß bis zu vier Monaten und Geldbuße bis zu fünfzig Thalern verwirkt.

Eine öffentliche Beleidigung ist vorhanden, wenn die Beleidigung an einem öffentlichen Orte oder in einer öffentlichen Versammlung, oder, wenn sie durch Schriften, Abbildungen oder Darstellungen geschieht, welche verkauft, ausgeteilt oder sonst verbreitet oder öffentlich ausgestellt oder angeschlagen werden.

§ 107. (A. 109. § 156.)

Wer in Beziehung auf einen Andern eine Thatsache, welche denselben der Verachtung oder dem Haß der Bürger auszusetzen geeignet ist, ohne daß er sie als wahr zu beweisen vermag, behauptet oder verbreitet, wird als Verleumder mit Gefängniß von Einem Monat bis zu Einem Jahre und Geldbuße von zehn bis zu Einhundert Thalern bestraft; auch kann gegen denselben auf zeitige Untersagung der Ausübung der staatsbürgerlichen Rechte erkannt werden.

§ 108. (A. 110, 2, 3. § 157.)

Der Beweis der Wahrheit der behaupteten oder verbreiteten Thatsache kann durch alle gesetzlich zulässigen Beweismittel geführt werden.

Ist jedoch die dem Andern beigemessene Handlung in den Gesetzen mit Strafe bedroht, so ist der Beweis der Wahrheit nicht zulässig, wenn eine Freisprechung durch ein rechtskräftiges Erkenntniß erfolgt ist.

§ 109. (A. 111. § 158.)

Die Behauptung oder Verbreitung erweislich wahrer Thatsachen ist als Beleidigung zu strafen, wenn sie in einer solchen Form oder unter solchen Umständen stattgefunden hat, daß daraus die Absicht einer Beleidigung hervorgeht.

§ 110. (A. 113. § 133, 1.)

Wer bei einer Justiz- oder Polizeibehörde eine Anzeige macht, durch welche er jemanden wider besseres Wissen der Verübung einer gesetzlich strafbaren Handlung beschuldigt, wird mit Gefängniß von drei Monaten bis zu Einem Jahre bestraft; auch kann gegen denselben auf zeitige Untersagung der Ausübung der staatsbürgerlichen Rechte erkannt werden.

§ 111. (A. 112. § 133, 2.)

Wenn jemand der Begehung einer gesetzlich strafbaren Handlung beschuldigt worden ist, so soll das Strafverfahren wegen Verleumdung oder falscher Anschuldigung (§ 107, 110) erst dann eingeleitet werden, wenn über jene Handlung rechtskräftig entschieden oder die Untersuchung eingestellt ist.

Zehnter Titel. (E. 12. Titel.)

Verbrechen wider das Leben.

§ 112. (A. 115. § 176.)

Wer vorsätzlich einen Menschen tötet, begeht einen Todtschlag und wird mit Zuchthaus von fünf bis zu zwanzig Jahren bestraft.

Der Todtschlag an einem leiblichen Verwandten der aufsteigenden Linie wird mit lebenswieriger Zuchthausstrafe bestraft.

§ 113. (A. 116. § 175.)

Wer vorsätzlich und mit Überlegung einen Menschen tötet, macht sich des Mordes schuldig und wird mit lebenswieriger Zuchthausstrafe bestraft.

§ 114. (A. 117. § 168, 2, 169, 171.)

Wer vorsätzlich seinen Gegner in einem Zweikampfe tötet, wird mit Einschließung von zwei bis zu vier Jahren bestraft.

Es tritt Einschließung von drei bis zu sechs Jahren ein, wenn die Herausforderung dahin gerichtet war, daß einer von beiden Theilen das Leben verlieren sollte, oder wenn diese Absicht aus der gewählten Art des Zweikampfes erhellt.

Ist die Tötung mittelst vorsätzlicher Übertretung der vereinbarten Regeln des Zweikampfes bewirkt worden, so kommen die Vorschriften über Mord oder Todtschlag zur Anwendung.

§ 115. (A. 118. § 180.)

Eine Mutter, welche ihr uneheliches Kind in oder gleich nach der Geburt vorsätzlich tötet, wird wegen Kindsmordes mit Zuchthaus von fünf bis zu zwanzig Jahren bestraft.

Wird die vorsätzliche Tötung des Kindes von einer andern Person als der Mutter verübt, oder nimmt eine andere Person an dem Verbrechen des Kindsmordes theil, so kommen gegen dieselbe die Bestimmungen über den Mord oder Todtschlag, sowie über die Theilnahme an diesem Verbrechen zur Anwendung.

§ 116. (A. 119. § 181.)

Eine Schwangere, welche durch äußere oder innere Mittel ihre Frucht vorsätzlich abtreibt oder im Mutterleibe tötet, wird mit Zuchthaus bis zu fünf Jahren bestraft.

Derjenige, welcher mit Einwilligung der Schwangeren die Mittel angewendet oder verabreicht hat, wird mit der nämlichen Strafe belegt.

§ 117. (A. 120. § 182.)

Wer die Leibesfrucht einer Schwangeren ohne deren Wissen oder Willen vorsätzlich abtreibt oder tötet, wird mit Zuchthaus von fünf bis zu zehn Jahren bestraft.

Wird dadurch der Tod der Schwangeren herbeigeführt, so kann auf Zuchthaus bis zu zwanzig Jahren erkannt werden.

§ 118. (A. 121. § 183.)

Wer ein Kind unter sieben Jahren oder eine wegen Gebrechlichkeit oder Krankheit hülflose Person aussetzt, oder dieselbe, wenn sie unter seiner Obhut steht, in hülfloser Lage vorsätzlich verläßt, wird mit Gefängniß nicht unter drei Monaten bestraft.

Ist infolge der Handlung der Tod der ausgesetzten oder verlassenen Person eingetreten, so trifft den Schuldigen Zuchthaus bis zu zehn Jahren.

Ist die Handlung mit dem Vorsatze zu töten verübt, so kommen die Bestimmungen über Mord oder Kindsmord zur Anwendung.

§ 119. (A. 122. § 184.)

Wer durch Fahrlässigkeit den Tod eines Menschen herbeiführt, wird mit Gefängniß von zwei Monaten bis zu zwei Jahren bestraft.

§ 120. (A. 123. § 185.)

Bei Feststellung des Thatbestandes der Tötung kommt es nicht in Betracht, ob der tötliche Erfolg einer Verletzung durch zeitige oder zweckmäßige Hülfe hätte verhindert werden können, oder ob eine Verletzung dieser Art in anderen Fällen durch Hülfe der Kunst geheilt worden, ingleichen, ob die Verletzung nur wegen der eigentümlichen leiblichen Beschaffenheit des Getöteten oder wegen der zufälligen Umstände, unter welchen sie zugefügt wurde, den Todeserfolg gehabt hat.

§ 121. (A. 124. § 186.)

Wer ohne Erlaubniß der Behörde einen Leichnam beerdigt oder beiseite schafft, wird mit Geldbuße bis zu zweihundert Thalern, oder mit Gefängniß bis zu sechs Monaten bestraft.

Elfter Titel. (E. 13. Titel.)

Körperverletzung.

§ 122. (A. 125. § 187.)

Wer vorsätzlich einen Andern stößt oder schlägt, oder denselben eine andere Mißhandlung oder Verletzung des Körpers zufügt, wird mit Gefängnißstrafe bis zu zwei Jahren bestraft.

Ist die Mißhandlung oder Körperverletzung gegen leibliche Verwandte in aufsteigender Linie oder mit überlegtem Vorsatz ausgeübt, so tritt Gefängnißstrafe von drei Monaten bis zu drei Jahren ein.

§ 123. (A. 126. § 193.)

Hat eine vorsätzliche Mißhandlung oder Körperverletzung eine Krankheit oder Arbeitsunfähigkeit von einer längeren als zwanzigtägigen Dauer zur Folge gehabt, oder ist der Verletzte verstümmelt oder der Sprache, des Gesichts, des Gehörs oder der Zeugungsfähigkeit beraubt oder in eine Geisteskrankheit versetzt worden, so tritt Zuchthaus bis zu zehn Jahren ein.

§ 124. (A. 127. § 194.)

Hat eine vorsätzliche Mißhandlung oder Körperverletzung den Tod des Verletzten zur Folge gehabt (§ 120), so ist die Strafe Zuchthaus von drei bis zu fünfzehn Jahren.

§ 125. (A. 128. § 168, 2)

Wer seinem Gegner im Zweikampfe eine schwere Körperverletzung (§ 123) zufügt, hat Einschließung bis zu zwei Jahren verwirkt.

Hat die Verletzung den Tod des Verletzten (§ 120) zur Folge gehabt, so tritt Einschließung bis zu drei Jahren ein.

§ 126. (A. 129. § 195.)

Wenn bei einer Schlägerei, oder bei einem von mehreren verübten Angriffe eine schwere Mißhandlung oder Körperverletzung

(§ 123) nicht durch die Handlung eines Einzelnen für sich, sondern durch das Zusammentreffen der Handlungen mehrerer verursacht worden ist, so wird jeder, welcher eine dieser Handlungen verübt hat, mit Zuchthaus bis zu fünf Jahren bestraft.

Haben solche von mehreren verübte Mißhandlungen oder Körperverletzungen durch ihr Zusammentreffen den Tod des Verletzten (§ 120) zur Folge gehabt, so tritt Zuchthaus bis zu zehn Jahren ein.

Sind die Mißhandlungen oder Körperverletzungen mit dem Vorsatz zu töten verübt, so kommen die Bestimmungen über Mord oder Todtschlag zur Anwendung.

§ 127. (A. 130. § 197.)

Wer vorsätzlich einem Anderen Gift oder andere Stoffe beibringt, welche die Gesundheit zu zerstören geeignet sind, wird mit Zuchthaus bis zu fünf Jahren bestraft.

Hat die Handlung eine schwere Körperverletzung (§ 123) zur Folge gehabt, so besteht die Strafe in Zuchthaus von drei bis zu funfzehn Jahren.

Hat die Handlung den Tod (§ 120) zur Folge gehabt, so ist die Strafe lebenswieriges Zuchthaus.

§ 128. (A. 131. § 198.)

Wer durch Fahrlässigkeit einen Menschen körperlich verletzt, oder an der Gesundheit beschädigt, soll mit Geldstrafe von zehn bis zu Einhundert Thalern, oder mit Gefängniß von acht Tagen bis zu Einem Jahre bestraft werden.

§ 129. (A. 132. § 199.)

Wer, ohne vorschriftsmäßig approbiert zu sein, gewohnheitsmäßig oder gegen Belohnung die Heilung einer äußeren oder inneren Krankheit, oder eine geburtshülfliche Handlung vornimmt, wird mit Geldbuße von fünf bis zu funfzig Thalern oder mit Gefängniß bis zu sechs Monaten bestraft.

Diese Bestimmung findet keine Anwendung, wenn eine solche Handlung in einem Falle vorgenommen wird, in welchem zu dem dringend nötigen Beistand eine approbierte Medizinalperson nicht herbeigeschafft werden kann.

Zwölfter Titel. (E. 14. Titel.)

Verbrechen wider die persönliche Freiheit.

§ 130. (A. 133. § 204.)

Wer sich eines Menschen durch List oder Gewalt bemächtigt und denselben entführt, um ihn entweder in hülfloser Lage auszusetzen, oder ihn in Sklaverei oder Leibeigenschaft, oder in auswärtige Kriegsdienste oder Schiffsdienste zu bringen, wird mit Zuchthaus von fünf bis zu zwanzig Jahren bestraft.

§ 131. (A. 134. § 205.)

Wer sich eines Menschen unter vierzehn Jahren durch List oder Gewalt bemächtigt und denselben entführt, um ihn zum Betteln oder zu gewinnsüchtigen oder unsittlichen Zwecken oder Geschäften zu gebrauchen, wird mit Zuchthaus bis zu zehn Jahren bestraft.

§ 132. (A. 135. § 206.)

Wer sich eines Minderjährigen durch List oder Gewalt bemächtigt und denselben seinen Eltern oder Vormündern entführt, wird mit Gefängniß nicht unter Einem Jahre bestraft.

§ 133. (A. 136. § 207.)

Wer sich einer Frauensperson durch List oder Gewalt bemächtigt und dieselbe entführt, um sie zur Eingehung einer Ehe oder zur Gestattung des unehelichen Beischlafs zu veranlassen, wird mit Zuchthaus bis zu fünf Jahren bestraft.

§ 134. (A. 137. § 208.)

Wer eine minderjährige unverehelichte Frauensperson mit ihrem Willen, jedoch ohne die Einwilligung ihrer Eltern oder ihres Vormundes entführt, um mit ihr die Ehe zu schließen oder den Beischlaf zu vollziehen, hat Gefängnißstrafe von drei Monaten bis zu zwei Jahren verwirkt.

§ 135. (A. 138. § 209.)

Hat der Entführer (§ 133, 134) die Entführte geheiratet, so kann gegen denselben nur auf den Antrag derjenigen Personen verfahren werden, welche auf die Ungültigkeitserklärung der Ehe anzutragen befugt sind; auch darf derselbe nicht eher verurtheilt werden, als bis die Ehe vorher für ungültig erklärt worden ist.

Der Antrag auf Bestrafung muß binnen drei Monaten vom Tage des begangenen Verbrechens oder Vergehens erhoben werden.

§ 136. (A. 139. § 210.)

Wer vorsätzlich und widerrechtlich einen Menschen einsperrt oder auf andere Weise des Gebrauchs der persönlichen Freiheit beraubt, wird mit Gefängniß nicht unter drei Monaten bestraft.

Die Strafe ist Zuchthaus bis zu zehn Jahren:

1) wenn der der Freiheit Beraubte infolge der Freiheitsentziehung oder der ihm während derselben widerfahrenen Behandlung länger als zwanzig Tage krank oder zu seiner Arbeit unfähig gewesen ist;
2) wenn die Freiheitsberaubung über einen Monat gedauert hat;
3) wenn das Verbrechen gegen leibliche Verwandte in aufsteigender Linie verübt worden ist.

§ 137. (A. 140. § 211.)

Eine widerrechtliche Freiheitsberaubung ist nicht vorhanden, wenn eine Person, welche wegen eines Verbrechens oder Vergehens von der Behörde gesetzlich verhaftet werden könnte, durch eine Privatperson festgenommen und der Behörde unverzüglich überliefert wird.

§ 138. (A. 141. § 212.)

Wer einen Andern zu einer Handlung oder Unterlassung dadurch zwingt oder zu zwingen versucht, daß er denselben schriftlich oder mündlich mit der Verübung eines Verbrechens oder Vergehens bedroht, hat Gefängniß bis zu sechs Monaten verwirkt.

§ 139. (A. 143. § 214.)

Wenn mehrere Personen sich zusammenrotten und in die Wohnung eines Andern widerrechtlich eindringen, so werden dieselben mit Gefängniß von acht Tagen bis zu drei Monaten bestraft.

Dreizehnter Titel. (E. 15. Titel.)

Diebstahl und Unterschlagung.

§ 140. (A. 144. § 215.)

Einen Diebstahl begeht, wer eine fremde bewegliche Sache einem Andern in der Absicht wegnimmt, diese sich rechtswidrig zuzueignen.

§ 141. (A. 145. § 216.)

Der Diebstahl und der Versuch des Diebstahls werden mit Gefängniß nicht unter Einem Monat und mit zeitiger Untersagung der Ausübung der staatsbürgerlichen Rechte bestraft. Der Schuldige kann zugleich unter Polizeiaufsicht gestellt werden.

§ 142. (A. 146. § 217.)

In folgenden Fällen soll die Gefängnißstrafe nicht unter drei Monaten sein:

1) wenn Ackergeräthschaften oder Thiere, welche zum Ackerbau gebraucht werden, von dem Felde, Thiere von der Weide, Fische aus Teichen oder Behältern, Bienenstöcke von dem Stande, Tuch, Linnen, Gewebe oder Garn von dem Rahmen oder von der Bleiche gestohlen werden;
2) wenn geärndtete Früchte vom Felde oder aus den Gärten, oder noch nicht geärndtete Früchte bei Nachtzeit oder gemeinschaftlich von mehreren Personen, oder mittelst Anwendung von Karren, Wagen oder Lastthieren gestohlen werden;
3) wenn der Diebstahl verübt wird von einer Person, welche für Lohn oder Kost Dienst leistet, an ihrer Herschaft oder an einem Dritten, welcher sich in der Wohnung der Herrschaft befindet, von einem Arbeiter, Gesellen oder Lehrling in der Wohnung, der Werkstätte oder in dem Waarenlager des Meisters, oder von einem Tagelöhner, welcher in einer Wohnung arbeitet, in dieser Wohnung;
4) wenn ein Gastwirth Sachen seiner Gäste, oder ein Gast aus dem Gasthause stiehlt;
5) wenn Sachen, welche eine blödsinnige Person oder ein Kind unter zwölf Jahren an oder bei sich führt, gestohlen werden;
6) wenn der Diebstahl während einer Feuer- oder Wassersnoth an den gefährdeten oder geflüchteten Sachen begangen wird.

§ 143. (A. 147. § 218.)

Zuchthausstrafe bis zu zehn Jahren und Stellung unter besondere Polizeiaufsicht tritt in folgenden Fällen ein:

1) wenn entweder zur Nachtzeit oder von mehreren Personen aus einem bewohnten Gebäude gestohlen wird;
2) wenn durch Einbruch oder durch Einsteigen aus einem Gebäude oder aus einem umschlossenen Raume gestohlen wird;
3) wenn der Diebstahl dadurch bewirkt wird, daß zur Eröffnung eines Gebäudes oder der Zugänge eines umschlossenen Raumes, oder zur Eröffnung der im Innern befindlichen Thüren oder Behältnisse falsche Schlüssel angewendet worden sind;
4) wenn auf einem öffentlichen Wege oder einer Wasserstraße oder Eisenbahn, oder aus einem Postgebäude oder dem dazu gehörigen Hofraum, oder von einem Eisenbahnhofe eine zum Reisegepäck oder andern Gegenständen des Transports gehörende Sache mittelst Abschneidens oder Ablösens der Befestigungs- oder Verwahrungsmittel oder durch Anwendung falscher Schlüssel gestohlen wird;
5) wenn der Dieb oder einer der Diebe oder einer der Theilnehmer an dem Diebstahl Waffen bei sich führt;
6) wenn zu dem Diebstahl mehrere als Urheber oder Theilnehmer mitwirken, welche sich zur fortgesetzten Verübung von Raub oder Diebstahl verbunden haben.

§ 144. (A. 148. § 219.)

Der Diebstahl wird mit Zuchthaus bis zu funfzehn Jahren und Stellung unter besondere Polizeiaufsicht bestraft, wenn der Dieb in den letzten zehn Jahren bereits zwei Mal oder mehrere Male rechtskräftig durch einen Preußischen Gerichtshof wegen Diebstahls oder Raubes verurtheilt worden ist.

§ 145. (A. 149. § 220.)

Die strengere Strafe des aus einem bewohnten Gebäude begangenen Diebstahls wird dadurch nicht ausgeschlossen, daß zur Zeit desselben die Bewohner in dem Gebäude nicht anwesend waren.

§ 146. (A. 150. § 221.)

Den bewohnten Gebäuden werden gleichgestellt:

1) Schiffe, welche bewohnt sind;

2) die zum Gottesdienst bestimmten Gebäude der im Staate gesetzlich bestehenden Religionsgesellschaften;
3) diejenigen öffentlichen Gebäude, welche zum Geschäftsbetriebe oder zur Aufbewahrung von Sachen bestimmt sind;
4) der zu einem bewohnten oder demselben gleichgestellten (Nr. 2 und 3) Gebäude gehörige umschlossene Raum und alle darin befindlichen Gebäude jeder Art.

Ein Raum ist umschlossen, wenn man in denselben nur durch den Gebrauch von Schlüsseln oder durch Einbrechen oder Einsteigen gelangen kann.

§ 147. (A. 151. § 222.)

Einsteigen ist vorhanden, wenn der Eintritt in Gebäude oder umschlossene Räume über Dachwerk, Thüren, Mauern oder andere Einfriedigungen, oder durch Fenster, Kellerlöcher oder andere nicht zum Eingang bestimmte, unter oder über der Erde befindliche Öffnungen bewirkt wird.

§ 148. (152. § 223.)

Einbruch ist vorhanden:
1.) wenn der Thäter mittelst irgend eines Werkzeugs oder auf irgend eine gewaltsame Weise einen vorher nicht vorhanden gewesenen oder einen verschlossenen Eingang sich öffnet, oder eine schon vorhandene Öffnung zum Eindringen erweitert oder sonst eine Öffnung macht, mittelst welcher er den Eingang zum Eindringen sich öffnet, oder auch ohne einzudringen den Diebstahl vollbringen kann;
2) wenn der Thäter im Innern eines Gebäudes in vorstehender Weise Thüren, Wände, Eingänge oder Durchgänge, Schränke, Kisten oder andere Behältnisse eröffnet.

§ 149. (A. 153. § 224.)

Unter falschen Schlüsseln werden verstanden: nachgemachte, veränderte oder solche Schlüssel, welche für das damit geöffnete Schloß nicht bestimmt sind, sowie Dietriche, Haken und andere zum Öffnen von Schlössern brauchbare Werkzeuge.

§ 150. (A. 155. § 225.)

Wer eine fremde bewegliche Sache, deren Besitz oder Gewahrsam er mit der Verpflichtung erlangt hat, sie zu verwahren, zu verwalten, zurückzugeben oder abzuliefern, zum Nachtheil des Eigenthümers oder sonst Berechtigten veräußert, verpfändet, verbraucht oder bei Seite schafft, macht sich einer Unterschlagung schuldig.

§ 151. (A. 156. § 226.)

Einer Unterschlagung wird es gleichgeachtet, wenn derjenige, welcher eine fremde bewegliche Sache gefunden oder sonst durch Zufall in seine Gewahrsam bekommen hat, dieselbe zum Nachtheile des Eigenthümers oder sonst Berechtigten veräußert, verpfändet, verbraucht oder bei Seite schafft.

§ 151 a. (A. 157. § 227.)

Die Unterschlagung, sowie der Versuch der Unterschlagung wird mit Gefängniß nicht unter vierzehn Tagen und mit zeitiger Untersagung der Ausübung der staatsbürgerlichen Rechte bestraft.

§ 152. (A. 158. § 228.)

Entwendungen oder Unterschlagungen, welche von einem Ehegatten gegen den anderen, oder von Eltern oder Großeltern gegen ihre Kinder oder Enkel, oder von Kindern oder Enkeln gegen ihre Eltern oder Großeltern begangen werden, sind straflos.

Diese Bestimmungen finden keine Anwendung auf andere Personen, welche als Anstifter, Miturheber, Theilnehmer oder Hehler schuldig sind.

Vierzehnter Titel. (E. 16. Titel.)

Raub und Erpressung.

§ 153. (A. 159. § 230.)

Einen Raub begeht, wer mit Gewalt gegen eine Person oder unter Anwendung von Drohungen mit gegenwärtiger Gefahr für Leib oder Leben eine fremde bewegliche Sache einem Andern in der Absicht wegnimmt, sich dieselbe rechtswidrig zuzueignen.

§ 154. (A. 160. § 231.)

Der Raub wird mit Zuchthaus von fünf bis zu funfzehn Jahren sowie mit Stellung unter besondere Polizeiaufsicht bestraft.

§ 155. (A. 162, 161. § 232.)

Der Raub wird mit Zuchthaus von zehn bis zu zwanzig Jahren, sowie mit Stellung unter besondere Polizeiaufsicht bestraft:

1) wenn bei dem Raube der Tod eines Menschen durch Mißhandlung verursacht wird;
2) wenn bei einem Raube ein Mensch gemartert oder verstümmelt, der Sprache, des Gesichts, des Gehörs oder der Zeugungsfähigkeit beraubt, oder durch Mißhandlungen in eine Geisteskrankheit versetzt wird;
3) wenn der Räuber oder einer der Räuber oder einer der Theilnehmer am Raube Waffen bei sich führt;
4) wenn zu dem Raube mehrere als Urheber oder Theilnehmer mitwirken, welche sich zur fortgesetzten Verübung von Raub oder Diebstahl verbunden haben;
5) wenn der Raub auf einem öffentlichen Weg oder Platz verübt wird.

§ 156. (A. 163. § 234.)

Wer, um sich oder einem Dritten einen rechtswidrigen Vortheil zu verschaffen, einen Andern zu einer Handlung oder Unterlassung dadurch zwingt, daß er denselben schriftlich oder mündlich mit Verübung eines Verbrechens oder Vergehens bedroht, macht sich der Erpressung schuldig.

§ 157. (A. 164. § 235.)

Die Erpressung, sowie der Versuch der Erpressung wird mit Gefängniß nicht unter drei Monaten und zeitiger Untersagung der Ausübung der staatsbürgerlichen Rechte bestraft.

Besteht das angedrohte Verbrechen in Mord, Brandstiftung oder Verursachung einer Überschwemmung, so wird der Thäter mit Zuchthaus bis zu fünf Jahren und Stellung unter besondere Polizeiaufsicht bestraft.

§ 158. (A. 165. § 236.)

Geschieht die Erpressung durch Drohung mit gegenwärtiger Gefahr für Leib oder Leben, oder durch Gewalt gegen eine Person, so finden die Strafbestimmungen über den Raub (§ 154 und 155) Anwendung.

Funfzehnter Titel. (E. 17. Titel.)

Betrug.

§ 159. (A. 166. § 241.)

Wer mittelst Gebrauchs falscher Namen oder falscher Eigenschaften, oder mittelst künstlicher Vorspiegelungen, welche zu der irrigen Annahme verleiten, daß ein Unternehmen zu machen, ein Ereigniß zu hoffen oder zu fürchten, oder daß eine Vollmacht oder ein Credit gegeben sei, bewirkt, daß zum Nachtheil des Getäuschten oder eines Dritten Gelder oder Sachen verabfolgt, oder verpflichtende oder befreiende Urkunden ausgestellt oder übergeben werden, macht sich des Betruges schuldig.

§ 160. (A. 167. § 242.)

Der Betrug, sowie der Versuch des Betruges wird mit Gefängniß nicht unter Einem Monat und zeitiger Untersagung der Ausübung der staatsbürgerlichen Rechte bestraft.

§ 161. (A. 170, 1. 169, 3, 2, 1, 4. § 243, 7, 6, 5, 3, 1, 2. § 248.)

Mit Gefängniß nicht unter drei Monaten und zeitiger Untersagung der Ausübung der staatsbürgerlichen Rechte wird bestraft:

1) wer ein mit Unterschrift eines Andern versehenes Papier ohne dessen Willen ausfüllt und von einer solchen Urkunde zum Nachtheil des Andern Gebrauch macht;
2) wer Urkunden, welche ihm entweder gar nicht oder nicht ausschließlich gehören, zum Nachtheil eines Andern vernichtet, beschädigt oder unterdrückt;
3) wer Grenzsteine oder andere zur Bezeichnung einer Grenze oder des Wasserstandes bestimmte Merkmale zum Nachtheile eines Andern wegnimmt, verrückt, oder fälschlich setzt;
4) wer Geldpakete, die mit einem öffentlichen Siegel verschlossen und mit Angabe des Inhalts, ausgiebt, obwohl er weiß, daß sie eröffnet und ihr Inhalt verringert worden;
5) wer ächte, zum Umlauf bestimmte, Metallgeldstücke durch Beschneiden, Abfeilen oder auf andere Art verringert und als vollgültig verausgabt;
6) ein Gewerbetreibender, welcher sich zum Nachtheil eines Andern unrichtiger zum Messen oder Wiegen bestimmter Werkzeuge bedient;

7) ein Gewerbetreibender, welcher Gold, Silber, Edelsteine oder Perlen feil hält oder verarbeitet und wissentlich unächte oder geringhaltigere Gegenstände dieser Art für ächt oder vollhaltigere verkauft, oder an die Stelle der ihm anvertrauten ächten und vollhaltigeren, unächte oder geringhaltigere unterschiebt.

Sechzehnter Titel. (E. 18. Titel.)

Urkundenfälschung.

§ 162. (A. 172. § 247.)

Wer, um sich oder einem Dritten Vortheil zu verschaffen oder einem Andern Nachtheil zuzufügen, eine unächte Urkunde anfertigt,

eine ächte Urkunde durch Zusatz, Auslöschung oder auf andere Art verändert, oder

von einer solchen falschen oder verfälschten Urkunde, wissend, daß sie falsch oder verfälscht ist, Gebrauch macht,

hat Zuchthaus bis zu fünf Jahren verwirkt.

Unter Urkunde ist jede Schrift zu verstehen, welche zum Beweise von Verträgen, Verfügungen, Verpflichtungen oder überhaupt von Rechten oder Rechtsverhältnissen von Erheblichkeit sein kann.

§ 163. (A. 173. § 251.)

Die Urkundenfälschung und der wissentliche Gebrauch falscher oder verfälschter Urkunden wird mit Zuchthaus bis zu zehn Jahren bestraft, wenn das Verbrechen eine der folgenden Arten von Urkunden zum Gegenstande hat:

1) Urkunden, welche mit der Unterschrift des Königs oder mit dem Königlichen Insiegel ausgefertigt sind;
2) Urkunden, welche von Staatsbehörden, Kommunen oder Korporationen des Inlandes oder Auslandes, von inländischen oder ausländischen Beamten, oder von solchen Personen, welche nach den Gesetzen des Inlandes oder Auslandes öffentlichen Glauben haben, aufgenommen, ausgefertigt oder beglaubigt sind;
3) Bücher, Register, Kataster oder Inventarien, welche unter amtlichem Glauben geführt werden;
4) letztwillige Verfügungen;
5) Wechsel, kaufmännische Anweisungen und Handelsbillets.

§ 164. (A. 174. § 252.)

Wer, um sich oder einem Dritten Vortheil zu verschaffen, oder einem Andern Nachtheil zuzufügen, bewirkt, daß in öffentlichen Urkunden, Büchern oder Registern Verhandlungen, Erkärungen oder Thatsachen, welche für Rechte oder Rechtsverhältnisse von Erheblichkeit sein können, als abgegeben oder geschehen beurkundet werden, während sie gar nicht oder in anderer Weise oder von anderen Personen abgegeben oder geschehen sind, wird mit Zuchthaus bis zu zehn Jahren bestraft.

Dieselbe Strafe trifft denjenigen, welcher in gleicher Absicht von solchen falschen Beurkundungen, wissend, daß sie falsch sind, Gebrauch macht.

§ 165. (A. 175. § 253.)

Wer unächtes Stempelpapier anfertigt oder unächtes Stempelpapier durch Zusatz, Auslöschung oder auf andere Art verändert, oder von solchem falschen oder verfälschten Stempelpapier, wissend, daß es falsch oder verfälscht ist, Gebrauch macht, wird mit Gefängniß nicht unter drei Monaten, sowie mit zeitiger Untersagung der Ausübung der staatsbürgerlichen Rechte bestraft.

§ 166. (A. 176. § 254.)

Mit Gefängniß von acht Tagen bis zu drei Monaten wird bestraft:

1) wer einen falschen Reisepaß anfertigt, einen ächten Reisepaß verfälscht oder von einem falschen oder verfälschten Reisepaß wissentlich Gebrauch macht;
2) wer sich einen Reisepaß auf einen falschen Namen ausstellen läßt, von einem auf einen andern Namen ausgestellten Reisepasse, als sei er für ihn ausgestellt, wissentlich Gebrauch macht, einen für ihn ausgestellten Reisepaß einem Andern zum Gebrauch überläßt oder als Zeuge dazu mitwirkt, daß ein Reisepaß unter falschem Namen verabfolgt wird.

Dieselbe Strafe tritt ein, wenn die vorstehend bezeichneten Handlungen in Beziehung auf Wanderbücher oder sonstige Legitimationspapiere, welche die Stelle des Reisepasses vertreten, begangen werden.

§ 167. (A. 177. § 255.)

Mit Gefängniß von vierzehn Tagen bis zu sechs Monaten wird bestraft:

1) wer unter dem Namen eines Beamten oder einer Behörde ein Zeugniß über gute Führung, Armuth oder sonstige Umstände anfertigt, welche geeignet sind, die darin bezeichnete Person dem Wohlwollen Anderer zu empfehlen, um ihr Unterkommen oder Unterstützung zu verschaffen;
2) wer ein ursprünglich ächtes Zeugniß dieser Art verfälscht, um es auf eine andere Person, als für welche es ausgestellt war, passend zu machen;
3) wer von einem derartigen falschen oder verfälschten Zeugniß wissentlich Gebrauch macht.

§ 168. (A. 178.)

Wer, um seine oder Anderer Befreiung von dem Militärdienste oder einem öffentlichen Dienste zu erwirken, unter dem Namen eines Arztes, Wundarztes oder einer anderen Medizinal-Person ein Zeugniß über Krankheit oder Gebrechlichkeit ausstellt, wird mit Gefängniß von vier Wochen bis zu einem Jahre bestraft; auch kann gegen denselben auf zeitige Untersagung der Ausübung der staatsbürgerlichen Rechte erkannt werden.

§ 169. (A. 179. § 257.)

Ärzte, Wundärzte oder andere Medizinal-Personen, welche Zeugnisse über Krankheiten oder Gebrechlichkeiten, die geeignet sind, von dem Militärdienste oder einem anderen öffentlichen Dienste zu befreien, um diese Befreiung zu erwirken, wider besseres Wissen ausstellen, werden mit Gefängniß von drei Monaten bis zu achtzehn Monaten, sowie mit zeitiger Untersagung der Ausübung der staatsbürgerlichen Rechte bestraft.

§ 170. (A. 180.)

Wer, um seine oder eines Andern Befreiung von dem Militärdienste oder einem andern öffentlichen Dienste zu erwirken, von einem Zeugniß der in den §§ 168 und 169 erwähnten Art Gebrauch macht, wird mit Gefängniß von vier Wochen bis zu einem Jahre bestraft; auch kann gegen ihn auf zeitige Untersagung der Ausübung der staatsbürgerlichen Rechte erkannt werden.

Siebzehnter Titel. (E. 9. Titel.)

Verbrechen und Vergehen in Beziehung auf den Personenstand.

§ 171. (A. 96. § 138.)

Wer ein Kind unterschiebt oder verwechselt, oder auf andere Weise den Personenstand eines Andern vorsätzlich verändert oder unterdrückt, wird mit Zuchthaus bis zu zehn Jahren bestraft.

§ 172. (A. 97.)

Personenstandsbeamte werden mit Geldbuße bis zu funfzig Thalern oder Gefängniß von acht Tagen bis zu zwei Monaten bestraft:

1) wenn sie ihre Urkunden anders als in die dazu bestimmten Register schreiben;
2) wenn sie die Heirathsurkunde einer schon verehelicht gewesenen Frau vor dem Ablauf der in den bürgerlichen Gesetzen vorgeschriebenen Frist aufnehmen;
3) wenn sie in Fällen, in welchen zur Gültigkeit der Ehe die Einwilligung der Eltern oder anderer Personen erforderlich ist, die Heirathsurkunde aufnehmen, ohne sich vorher von dem Dasein dieser Einwilligung überzeugt zu haben.

§ 173. (A. 98.)

Religionsdiener, welche zu den religiösen Feierlichkeiten einer Heirath schreiten, ohne daß ihnen vorher die durch den Personenstandsbeamten erfolgte Aufnahme der Heirathsurkunde nachgewiesen ist, werden mit Geldstrafe von fünf bis zu funfzig Thalern, im zweiten Rückfalle mit Gefängniß von acht Tagen bis zu sechs Monaten bestraft.

§ 174. (A. 99.)

Wer einer Entbindung beigewohnt oder ein neugeborenes Kind gefunden hat und die ihm in den bürgerlichen Gesetzen auferlegten Verpflichtungen über die Anmeldung desselben bei einem Personenstandsbeamten nicht binnen der gesetzlichen Frist erfüllt, wird mit Gefängniß von acht Tagen bis zu zwei Monaten bestraft.

Achtzehnter Titel. (E. 19. Titel.)

Bankerutt.

§ 175. (A. 181. § 259.)

Handelsleute, Schiffsrheeder und Fabrikbesitzer, welche ihre Zahlungen eingestellt haben, werden als des betrüglichen Bankerutts schuldig, mit Zuchthaus bis zu zehn Jahren bestraft:

1) wenn sie ihr Vermögen ganz oder theilweise verheimlicht oder bei Seite geschafft haben;
2) wenn sie Schulden oder Rechtsgeschäfte anerkannt, unterzeichnet oder aufgestellt haben, welche ganz oder theilweise erdichtet sind;
3) wenn sie in der Absicht, ihre Gläubiger zu benachtheiligen, Handelsbücher zu führen unterlassen haben, obgleich deren Führung gesetzlich vorgeschrieben, oder nach der Beschaffenheit ihres Geschäftes erforderlich ist;
4) wenn sie in gleicher Absicht ihre Handelsbücher so geführt oder verändert haben, daß dieselben keine Übersicht des Vermögenstandes gewähren.

§ 176. (A. 182. § 260.)

Mit Zuchthaus bis zu zehn Jahren wird bestraft:

1) wer im Interesse eines Handelsmanns, Schiffsrheeders oder Fabrikbesitzers, welcher seine Zahlungen eingestellt hat, sein Vermögen ganz oder theilweise verheimlicht oder bei Seite geschafft hat;
2) wer im Interesse des Falliten (Nr. 1) oder um sich oder Andern Vortheil zu verschaffen, erdichtete Forderungen in eigenem Namen oder durch zwischengeschobenen Personen geltend gemacht hat.

Hat der Thäter im Einverständniß mit dem Falliten gehandelt, so kommen die allgemeinen Vorschriften über die Theilnahme an Verbrechen zur Anwendung.

§ 177. (A. 183. § 261.)

Handelsleute, Schiffsrheeder oder Fabrikbesitzer, welche ihre Zahlungen eingestellt haben, werden wegen einfachen Bankerutts mit Gefängniß von Einem Monat bis zu Einem Jahre bestraft:

1) wenn sie durch Ausschweifung, Aufwand, Spiel, Handelsoperationen, welche auf reinen Zufall berechnet waren, oder Differenzhandel mit Waaren oder Börsen-Effekten übermäßige Summen verbraucht haben oder schuldig geworden sind;
2) wenn sie die Handelsbücher zu führen unterlassen haben, deren Führung gesetzlich vorgeschrieben oder nach der Beschaffenheit ihres Geschäfts erforderlich war, oder wenn sie die Handelsbücher so unordentlich geführt haben, daß dieselben keine Übersicht ihres Vermögenszustandes gewähren;
3) wenn sie unterlassen haben, die Balance ihres Vermögens jährlich zu ziehen, obgleich dies gesetzlich vorgeschrieben oder nach der Beschaffenheit ihres Geschäfts erforderlich war;
4) wenn sie, obgleich das Vermögen nach der letzten Balance nicht die Hälfte der Schulden deckte, neue Schulden gemacht, oder Waaren oder Kreditpapiere unter dem Werthe verkauft haben;
5) wenn sie nach Einstellung der Zahlungen einen Gläubiger zum Nachtheil der Masse begünstigt haben.

§ 178. (A. 184.)

Der Gläubiger, welcher nach Einstellung der Zahlung mit dem Falliten einen besonderen Vertrag zu seiner Begünstigung und zum Nachtheil der Gesammtheit der Gläubiger eingeht, oder sich von dem Falliten oder anderen Personen besondere Vortheile dafür geben oder versprechen läßt, daß er bei den Berathungen und Beschlußnahmen der Gläubiger in einem gewissen Sinne stimme, wird mit Gefängniß von einem Monat bis zu Einem Jahre bestraft.

§ 179. (A. 185. § 262.)

Waarenmäkler, Wechselmäkler, Sensalen und Notarien, welche Handelsgeschäfte betreiben und ihre Zahlungen einstellen, sollen, wenn sie der in diesem Titel erwähnten Handlungen schuldig sind, denselben Strafen, wie Handelsleute unterliegen.

Neunzehnter Titel. (E. 20. Titel.)

Strafbarer Eigennutz.

§ 180. (A. 186. § 263.)

Wer sich gewohnheitsmäßig von seinen Schuldnern höhere Zinsen, als die Gesetze zulassen, vorbedingt oder zahlen läßt, ist wegen Wuchers mit Gefängniß von drei Monaten bis zu Einem Jahre und Geldstrafe von funfzig bis zu Einhundert Thalern, sowie mit zeitiger Untersagung der Ausübung der staatsbürgerlichen Rechte zu bestrafen.

§ 181. (A. 187. § 264.)

Wer ohne Erlaubniß der Behörde gewerbsmäßig auf Pfänder leiht, wird mit Gefängniß von acht Tagen bis zu zwei Monaten bestraft.

§ 182. (A. 188. § 265.)

Öffentliche Pfandleiher, welche die von ihnen in Pfand genommenen Gegenstände unbefugt in Gebrauch nehmen, werden mit Gefängniß von vierzehn Tagen bis zu drei Monaten bestraft.

§ 183. (A. 189. § 267.)

Inhaber öffentlicher Versammlungsörter, welche gewohnheitsmäßig Hazardspiele gestatten, werden mit Gefängniß bis zu sechs Monaten bestraft.

§ 184. (A. 190. § 268.)

Wer in auswärtigen, in dem Preußischen Staate nicht besonders zugelassenen, Lotterieen spielt, wer sich dem Verkauf der Loose dergleichen auswärtiger Lotterieen unterzieht, oder einen solchen Verkauf als Mittelsperson befördert, ingleichen, wer innerhalb des Landes ohne obrigkeitliche Erlaubniß öffentlich Lotterieen unternimmt, wird mit Geldbuße bis zu fünfhundert Thalern bestraft.

Den Lotterieen sind hierbei alle öffentlich veranstalteten Ausspielungen beweglicher oder unbeweglicher Sachen gleich zu achten.

§ 185. (A. 191. § 269.)

Wer Waaren oder deren Verpackung fälschlich mit dem Namen oder der Firma und mit dem Wohn- oder Fabrikort eines inländischen Fabrikunternehmers, Produzenten oder Kaufmanns bezeichnet, oder wissentlich dergleichen falsch bezeichnete Waaren in den Verkehr bringt, soll mit Gefängnißstrafe bis zu Einem Jahre und mit Geldbuße bis zu Eintausend Thalern bestraft werden.

Die Strafe wird dadurch nicht ausgeschlossen, daß bei der Waarenbezeichnung der Name oder die Firma, und deren Wohn- oder Fabrikort mit geringen Abänderungen wiedergegeben wird, welche nur durch Anwendung besonderer Aufmerksamkeit wahrgenommen werden können.

§ 186. (A. 192. § 270.)

Wer Andere vom Mitbieten oder Weiterbieten bei den von öffentlichen Behörden oder Beamten vorgenommenen Versteigerungen, dieselben mögen Verkäufe, Verpachtungen, Lieferungen, Unternehmungen oder Geschäfte irgend einer Art betreffen, durch Gewalt oder Drohung oder durch Zusicherung der Gewährung eines Vortheils abhält, wird mit Gefängniß von vierzehn Tagen bis zu sechs Monaten bestraft.

§ 187. (A. 193. § 271.)

Wer seine eigene bewegliche Sache dem Nutznießer, Pfandgläubiger oder demjenigen, welchem an der Sache das Zurückbehaltungsrecht zusteht, wegnimmt, um demselben die Verfügung über die Sache zu entziehen, wird mit Gefängniß von acht Tagen bis zu zwei Jahren bestraft; auch kann gegen denselben auf zeitige Untersagung der Ausübung der staatsbürgerlichen Rechte erkannt werden.

Die Bestimmung des § 152 findet hier gleichfalls Anwendung.

§ 188. (A. 194.)

Wer eine Urkunde, ein Aktenstück, eine Denkschrift entwendet, nachdem er sie in einer gerichtlichen Streitsache vorgelegt hatte, wird mit Geldbuße bis zu Einhundert Thalern bestraft.

§ 189. (A. 195. § 272.)

Wer Sachen, welche durch die zuständigen Behörden oder Beamten gegen ihn gepfändet oder in Beschlag genommen worden sind, vorsätzlich ganz oder theilweise zerstört, verbringt oder bei Seite schafft, wird mit Gefängniß von acht Tagen bis zu sechs Monaten bestraft.

Der Ehegatte des Gepfändeten, dessen Verwandte oder Verschwägerte in auf- oder absteigender Linie, welche mit Kenntniß der Pfändung oder Beschlagnahme sich dieser Handlung schuldig machen, werden mit der nämlichen Strafe belegt.

§ 190. (A. 196. § 273.)

Wer unberechtigt fischt, wird mit Geldbuße von fünf bis zu funfzig Thalern oder mit Gefängniß bis zu vier Monaten bestraft.

Diese Bestimmung begreift nicht die durch den § 142 vorgesehene Entwendung von Fischen aus Fischhältern oder Teichen.

Zwanzigster Titel. (E. 21. Titel.)

Vermögensbeschädigung.

§ 191. (§ 281.)

Wer fremde Sachen vorsätzlich beschädigt oder zerstört, wird mit Gefängniß nicht unter acht Tagen bestraft.

§ 192. (A. 200. § 282.)

Wer Gegenstände der Verehrung einer im Staate gesetzlich bestehenden Religionsgesellschaft, Sachen, die dem Gottesdienste gewidmet sind, Grabmäler, öffentliche Denkmäler, oder Gegenstände der Kunst, oder Wissenschaft, welche in öffentlichen Sammlungen aufbewahrt werden, oder öffentlich ausgestellt sind, vorsätzlich beschädigt oder zerstört, wird mit Gefängniß nicht unter vier Wochen bestraft.

§ 193. (A. 202. § 284.)

Wenn mehrere Personen sich zusammenrotten und mit vereinten Kräften Gebäude ganz oder theilweise zerstören, oder Saatfelder oder Waldungen verwüsten, so sollen diese mit Zuchthaus bis zu zehn Jahren bestraft werden.

§ 194.

Reisende oder Schiffsleute, welche ohne Vorwissen des Schiffers, ingleichen Schiffer, welche ohne Vorwissen des Rheeders Gegenstände an Bord nehmen, welche die Confiskation oder Beschlagnahme des Schiffes veranlassen können, werden mit Geldbuße von fünf bis funfzig Thalern, oder mit Gefängniß von acht Tagen bis zu drei Monaten bestraft.

§ 195.

Wer versiegelte Briefe oder andere versiegelte Urkunden, die nicht zu seiner Kenntnißnahme bestimmt sind, unbefugterweise vorsätzlich eröffnet, wird mit Geldbuße von fünf bis zu funfzig Thalern oder mit Gefängniß von acht Tagen bis zu drei Monaten bestraft.

Einundzwanzigster Titel. (E. 22. Titel.)

Gemeingefährliche Verbrechen.

§ 196. (A. 203. § 285.)

Wegen Brandstiftung wird mit Zuchthaus von fünf bis zu funfzehn Jahren, und wenn infolge des Brandes ein Mensch das Leben verliert, mit Zuchthaus von zehn bis zu zwanzig Jahren bestraft:

1) wer vorsätzlich ein Gebäude in Brand setzt, welches zur Wohnung von Menschen dient oder zum Gottesdienst bestimmt ist;
2) wer vorsätzlich ein zum Aufenthalt von Menschen zeitweise dienendes Gebäude, Schiff oder Hütte zu einer solchen Zeit in Brand setzt, in welcher darin Menschen sich aufzuhalten pflegen;
3) wer Eisenbahnwagen, Bergwerke oder andere zum Aufenthalte von Menschen zeitweise dienende Räumlichkeiten zu einer Zeit vorsätzlich in Brand setzt, zu welcher sich Menschen darin aufzuhalten pflegen;
4) wer vorsätzlich Gegenstände irgend einer Art, welche vermöge ihrer Lage geeignet sind, das Feuer den vorgenannten Gebäuden oder Räumlichkeiten (Nr. 1—3) mitzutheilen, in Brand setzt.

In allen diesen Fällen macht es keinen Unterschied, ob die in Brand gesetzten Gebäude oder anderen Gegenstände ein Eigenthum des Thäters sind oder nicht.

§ 197. (A. 204. § 286.)

Wer vorsätzlich unbewohnte Gebäude, Magazine, Vorräte von Früchten, von Bau- und Brenn-Materialien, Früchte auf dem Felde, Büsche, Waldungen oder Torfmoore, welche fremdes Eigenthum sind, in Brand setzt, wird mit Zuchthaus bis zu zehn Jahren bestraft.

§ 198. (A. 205. § 287.)

Wer vorsätzlich unbewohnte Gebäude, Magazine, Vorräte von Früchten, von Bau- oder Brenn-Materialien, Früchte auf dem Felde, Büsche, Waldungen oder Torfmoore, welche sein Eigenthum sind, mit Gefahr für fremdes Eigenthum in Brand setzt, wird mit Zuchthaus bis zu zehn Jahren bestraft.

Wer vorsätzlich eigene Sachen dieser Art, ohne Gefahr für fremdes Eigenthum, in Brand steckt, um dadurch sich oder Dritten einen rechtswidrigen Vortheil zu verschaffen, wird mit Zuchthaus bis zu fünf Jahren bestraft.

§ 199. (A. 206. § 288.)

Wer einen Brand, wodurch Gefahr für das Leben anderer oder Gefahr für fremdes Eigenthum entsteht, durch Fahrlässigkeit verursacht, wird mit Gefängniß bis zu Einem Jahre, und wenn dadurch ein Mensch das Leben verliert, mit Gefängniß von einem Monat bis zu zwei Jahren bestraft.

§ 200. (A. 207. § 289.)

Die in den §§ 196—199 bestimmten Strafen kommen nach den dort aufgestellten Unterscheidungen auch gegen denjenigen zur Anwendung, welcher, ohne Brand zu stiften, durch Gebrauch von Pulver oder anderen explodierenden Stoffen Gebäude, Schiffe, Hütten, Magazine oder andere Räumlichkeiten zerstört.

§ 201. (A. 208.)

Wer vorsätzlich eine Überschwemmung fremden Eigenthums verursacht, wird mit Gefängniß nicht unter vier Wochen bestraft.

§ 202. (A. 208. § 290.)

Wer vorsätzlich eine Überschwemmung, wodurch Gefahr für das Leben Anderer entsteht, verursacht, wird mit Zuchthaus von fünf bis zu funfzehn Jahren, und wenn infolge der Überschwemmung ein Mensch das Leben verliert, mit Zuchthaus von zehn bis zu zwanzig Jahren bestraft.

§ 203. (A. 208, 2. § 293.)

Wer eine Überschwemmung fremden Eigenthums oder eine Überschwemmung mit Gefahr für das Leben Anderer durch Fahrlässigkeit verursacht, wird mit Gefängniß bis zu Einem Jahre, und wenn dadurch ein Mensch das Leben verliert, mit Gefängniß von einem Monat bis zu zwei Jahren bestraft.

§ 204. (A. 142. § 213.)

Wer Andere mit Brandstiftung oder Überschwemmung bedroht, wird mit Gefängniß bis zu Einem Monat bestraft.

§ 205. (A. 209. § 294.)

Wer vorsätzlich an Eisenbahn-Anlagen, den Transportmitteln oder anderm Zubehör solche Beschädigungen verübt, oder auf der Fahrbahn durch Aufstellen, Hinlegen oder Hinwerfen von Gegenständen, oder durch Verrückung der Schienen oder auf andere Weise solche Hindernisse bereitet, daß dadurch der Transport auf der Bahn in Gefahr gesetzt wird, hat Zuchthaus von fünf bis zu funfzehn Jahren, und wenn infolge der Handlung ein Mensch das Leben verliert, Zuchthaus von zehn bis zu zwanzig Jahren verwirkt.

§ 206. (A. 210. § 295.)

Wer fahrlässigerweise durch Handlungen der im § 205 bezeichneten Art die Transporte auf Eisenbahnen in Gefahr setzt, wird mit Gefängniß bis zu Einem Jahre, und wenn dadurch ein Mensch das Leben verliert, mit Gefängniß von einem Monat bis zu zwei Jahren bestraft.

Eine gleiche Strafe haben die zur Leitung der Eisenbahn-Fahrten und zur Aufsicht über die Bahn und den Transportbetrieb angestellten Personen (Eisenbahnbeamte) verwirkt, wenn sie durch Vernachlässigung der ihnen obliegenden Pflichten einen Transport in Gefahr setzen.

§ 207. (A. 211. § 299.)

Eisenbahnbeamte, welche sich eines der in den §§ 205 und 206 bezeichneten Verbrechen oder Vergehen schuldig machen, sollen außer der verwirkten Strafe zugleich ihrer Anstellung für verlustig und zu jeder ferneren Anstellung bei einer Eisenbahn oder dem Transportbetriebe auf derselben für unfähig erklärt werden.

§ 208. (A. 212. § 300.)

Die Vorsteher der Eisenbahn- oder Transportunternehmung, welche die Entfernung des verurteilten Eisenbahnbeamten nach der Mittheilung des Erkenntnisses nicht gleich bewirken, haben eine Geldbuße von zehn bis zu Einhundert Thalern verwirkt.

Gleiche Strafe trifft den für unfähig erklärten Eisenbahnbeamten, wenn er sich nachher bei einer Eisenbahn oder dem Transportbetriebe auf derselben wieder einstellen läßt, sowie diejenigen, welche ihn wieder eingestellt haben, obwohl denselben seine Unfähigkeit bekannt war.

§ 209. (A. 213. § 301.)

Wer vorsätzlich Wasserleitungen, Schleusen, Wehre, Deiche, Dämme oder andere Wasserbauten, oder Brücken, Fähren, Wege oder Schutzwehre zerstört oder beschädigt, oder wer in schiffbaren Strömen, Flüssen oder Kanälen das Fahrwasser stört und durch eine dieser Handlungen Gefahr für Leben oder die Gesundheit Anderer herbeiführt, wird mit Gefängniß nicht unter drei Monaten bestraft.

Hat die Handlung eine schwere Körperverletzung (§ 123) zur Folge gehabt, so tritt Zuchthaus bis zu zehn Jahren, und hat infolge der Handlung ein Mensch das Leben verloren, Zuchthaus von fünf bis zu funfzehn Jahren ein.

§ 210. (A. 214. § 302.)

Wer vorsätzlich die zur Sicherung der Schifffahrt bestimmten Feuerzeichen oder andere zu diesem Zwecke aufgestellte Zeichen zerstört, wegschafft oder unbrauchbar macht, oder dergleichen Feuerzeichen auslöscht oder falsche Zeichen aufstellt, oder zur Nachtzeit auf der Strandhöhe Feuer anzündet, wird mit Gefängniß nicht unter vier Wochen bestraft.

Ist infolge der Handlung ein Schiff gestrandet, so tritt Zuchthaus bis zu zehn Jahren, und hat dadurch ein Mensch das Leben verloren, Zuchthaus von fünf bis zu funfzehn Jahren ein.

§ 211. (A. 215. § 303.)

Wer vorsätzlich die Strandung oder das Sinken eines Schiffes bewirkt und dadurch Gefahr für das Leben Anderer herbeiführt, wird mit Zuchthaus bis zu zwei Jahren bestraft.

Hat infolge der Handlung ein Mensch das Leben verloren, so tritt Zuchthaus von fünf bis zu zwanzig Jahren ein.

§ 212. (A. 171. § 244.)

Wer, um sich oder Dritten einen rechtswidrigen Vortheil zu verschaffen, ohne Gefahr für das Leben Anderer die Strandung oder das Sinken eines Schiffes verursacht, wird mit Zuchthaus bis zu fünf Jahren bestraft.

§ 213. (A. 216. § 304.)

Wer vorsätzlich Brunnen oder ähnliche Wasserbehälter, welche zum öffentlichen Verkauf oder Verbrauch bestimmt sind, vergiftet, oder denselben Stoffe beimischt, von denen ihm bekannt ist, daß sie die menschliche Gesundheit zu zerstören geeignet sind, wird mit Zuchthaus bis zu zehn Jahren bestraft.

Hat infolge der Handlung ein Mensch das Leben verloren, so ist die Strafe Zuchthaus von zehn bis zwanzig Jahren.

§ 214. (A. 217.)

Wer Lebensmittel oder Getränke verkauft oder feilhält, von denen ihm bekannt ist, daß ihnen der menschlichen Gesundheit schädliche

Stoffe beigemischt sind, wird mit Gefängniß von vier Wochen bis zu zwei Jahren bestraft.

§ 215. (A. 218. § 306.)

Wer die Absperrungs- oder Aufsichtsmaaßregeln oder Einfuhrverbote, welche von der Regierung zur Verhütung des Einführens oder Verbreitens einer ansteckenden Krankheit angeordnet worden sind, übertritt, wird mit Gefängniß von vierzehn Tagen bis zu sechs Monaten bestraft.

Ist infolge der Übertretung ein Mensch von der ansteckenden Krankheit angegriffen worden, so tritt Gefängniß nicht unter sechs Wochen ein.

§ 216. (A. 219. § 307.)

Wer die Absperrungs- oder Aufsichtsmaaßregeln, oder Einfuhrverbote, welche von der Regierung zur Verhütung des Einführens oder Verbreitens von Viehseuchen angeordnet worden sind, übertritt, wird mit Gefängniß bis zu drei Monaten bestraft.

Ist infolge der Übertretung Vieh von der Seuche ergriffen worden, so tritt Gefängniß nicht unter vier Wochen ein.

Zweiundzwanzigster Titel. (E. 23. Titel.)

Verbrechen und Vergehen der Beamten.

§ 217. (A. 221. § 309.)

Beamte und Mitglieder der bewaffneten Macht, welche für eine in ihr Amt einschlagende, an sich nicht pflichtwidrige Handlung oder Unterlassung Geschenke oder andere Vortheile annehmen, fordern oder sich versprechen lassen, zu denen sie gesetzlich nicht berechtigt sind, werden mit Geldbuße bis zu Einhundert Thalern oder mit Gefängniß bestraft und zur Herausgabe des Empfangenen oder des Werthes desselben an den Fiskus verurtheilt; es kann zugleich auf zeitige Untersagung der Ausübung der staatsbürgerlichen Rechte erkannt werden.

§ 218. (A. 222. § 310.)

Beamte, Mitglieder der bewaffneten Macht und Schiedsrichter, welche für eine Handlung oder Unterlassung, die eine Verletzung einer Amtspflicht enthält, Geschenke oder andere Vortheile annehmen, fordern oder sich versprechen lassen, werden mit Einschließung bis zu fünf Jahren bestraft und zur Herausgabe des Empfangenen oder des Werthes desselben an den Fiskus verurtheilt.

§ 219. (A. 223. § 311.)

Wer durch Anbieten, Versprechen oder Gewähren von Geschenken oder anderen Vortheilen einen Beamten, ein Mitglied der bewaffneten Macht oder einen Schiedsrichter zu einer Handlung oder Unterlassung, die eine Verletzung einer amtlichen Pflicht enthält, bestimmt oder zu bestimmen sucht, wird mit Gefängniß nicht unter vier Wochen bestraft; es kann zugleich auf zeitige Untersagung der Ausübung der staatsbürgerlichen Rechte erkannt werden.

§ 220. (A. 224. § 312.)

Hat sich ein Richter, der über ein Verbrechen oder Vergehen erkennt, oder ein Geschworener zu Gunsten oder zum Nachtheile eines Angeschuldigten bestechen lassen, so soll derselbe mit Zuchthaus bis zu zehn Jahren bestraft werden.

Ist der Angeschuldigte zu einer höheren Strafe verurtheilt, so soll der Richter oder Geschworene mit Zuchthaus von zehn bis zwanzig Jahren bestraft werden.

Gleiche Strafe wie den Richter oder Geschworenen trifft denjenigen, welcher den Richter oder Geschworenen bestochen hat.

§ 221. (A. 225. § 315.)

Beamte und Mitglieder der bewaffneten Macht, welche ihre Amtsgewalt mißbrauchen, um jemanden zu einer Handlung, Duldung oder Unterlassung widerrechtlich zu nötigen, werden mit Einschließung bis zu fünf Jahren bestraft.

§ 222. (A. 226. § 316.)

Beamte und Mitglieder der bewaffneten Macht, welche in Ausübung ihres Amtes vorsätzlich ohne rechtmäßige Ursache Mißhandlungen oder Körperverletzungen begehen, werden mit Gefängniß nicht unter drei Monaten bestraft; auch kann gegen dieselben auf zeitige Untersagung der Ausübung der staatsbürgerlichen Rechte erkannt werden.

Ist die Mißhandlung oder Körperverletzung eine schwere (§ 123), so tritt Zuchthaus von drei bis zu zwölf Jahren ein.

§ 223. (A. 227. § 318.)

Beamte und Mitglieder der bewaffneten Macht, welche eine Haussuchung vornehmen, ohne dazu gesetzlich befugt zu sein, oder ohne dabei die in den Gesetzen vorgeschriebenen Formen zu beachten, werden mit Gefängniß von vierzehn Tagen bis zu sechs Monaten bestraft; auch kann gegen dieselben auf zeitige Untersagung der Ausübung der staatsbürgerlichen Rechte erkannt werden.

§ 224. (A. 228. § 317.)

Beamte und Mitglieder der bewaffneten Macht, welche eine Verhaftung vornehmen, ohne dazu gesetzlich befugt zu sein, oder ohne dabei die in den Gesetzen vorgeschriebenen Formen zu beachten, werden mit Gefängniß von Einem Monat bis zu Einem Jahre bestraft; auch kann gegen dieselben auf zeitige Untersagung der Ausübung der staatsbürgerlichen Rechte erkannt werden.

§ 225. (A. 229. § 317.)

Beamte und Mitglieder der bewaffneten Macht, welche mit rechtswidrigem Vorsatz eine Verhaftung vornehmen oder die Dauer der Verhaftung verlängern, werden mit Einschließung bis zu fünf Jahren bestraft.

Die Strafe ist Zuchthaus bis zu zwölf Jahren:

1) wenn der der Freiheit Beraubte infolge der Freiheitsentziehung oder der ihm während derselben widerfahrenen Behandlung länger als zwanzig Tage krank oder zu seiner Arbeit unfähig gewesen ist;
2) wenn die Freiheitsentziehung über einen Monat gedauert hat.

§ 226. (A. 230.)

Beamte der gerichtlichen oder der Verwaltungspolizei, welche sich weigern oder verabsäumen, gesetzwidrige und willkürliche Verhaftungen zu beurkunden und der höheren Behörde anzuzeigen, werden mit Gefängniß von Einem Monat bis zu Einem Jahre bestraft; auch kann gegen dieselben auf zeitige Untersagung der Ausübung der staatsbürgerlichen Rechte erkannt werden.

§ 227. (A. 231. § 320.)

Beamte, welche vorsätzlich zum Nachtheil einer Person, deren Unschuld ihnen bekannt ist, die Eröffnung oder Fortsetzung einer gerichtlichen Untersuchung beantragen oder beschließen, werden mit Einschließung bis zu fünf Jahren bestraft.

Ist die That, welche den Gegenstand der Untersuchung bildet, gesetzlich mit Zuchthaus bedroht, so ist die Strafe Zuchthaus bis zu zehn Jahren.

§ 228. (A. 232. § 319.)

Beamte, welche Zwangsmittel anwenden, um in Beziehung auf eine strafgerichtliche Untersuchung Geständnisse oder Aussagen zu erpressen, werden mit Einschließung bis zu fünf Jahren bestraft.

§ 229. (A. 233.)

Ein Beamter, welcher eine Strafe vollstrecken läßt, die entweder gar nicht, oder nicht in dem Maaße, wie er sie vollstrecken läßt, erkannt ist, wird mit Gefängniß von Einem Monat bis zu Einem Jahre bestraft; auch kann gegen denselben auf zeitige Untersagung der Ausübung der staatsbürgerlichen Rechte erkannt werden.

Ist die Handlung mit rechtswidrigem Vorsatze verübt, so tritt Einschließung bis zu fünf Jahren ein, sofern nicht die höhere Strafe im zweiten Absatze des § 225 zur Anwendung kommt.

§ 230. (A. 234. § 321.)

Ein Beamter und Mitglieder der bewaffneten Macht, welche vermöge ihres Amtes bei Ausübung der Strafgewalt oder bei Vollstreckung der Strafen mitzuwirken haben, werden mit Einschließung bis zu fünf Jahren bestraft:

1) wenn sie, um jemand der Strafe zu entziehen, die Verfolgung einer strafbaren Handlung unterlassen oder dem Thäter Vorschub leisten;
2) wenn sie in gleicher Absicht die Vollstreckung der erkannten Strafen nicht betreiben, oder eine gelindere als die erkannte Strafe zur Vollstreckung bringen.

§ 231. (A. 235. § 95. 322.)

Beamte und Mitglieder der bewaffneten Macht, welchen die Aufbewahrung, Begleitung oder Bewachung eines Gefangenen anvertraut ist, werden in dem Falle der Entweichung oder Befreiung des Gefangenen,

1) wenn sie dieselbe durch ihre Fahrlässigkeit befördert oder erleichtert haben, mit Gefängniß von acht Tagen bis zu sechs Monaten,

2) wenn sie dieselbe vorsätzlich bewirkt oder befördert haben, mit Einschließung bis zu fünf Jahren bestraft.

§ 232. (A. 236. § 323, 1.)

Beamte, welche, um sich oder einem Dritten Vortheil zu verschaffen, oder um andern einen Nachtheil zuzufügen, Urkunden, zu deren Aufnahme oder Ausstellung sie vermöge ihres Amtes berufen sind, unächt verfertigen oder unwahr aufnehmen oder ausstellen, oder ächte Urkunden, welche vermöge ihres Amtes in ihrer Gewahrsam sind, verändern, werden mit Zuchthaus von fünf bis zu funfzehn Jahren bestraft.

§ 233. (A. 237, 1. § 323, 2.)

Beamte, welche, um sich oder einem Dritten Vortheil zu verschaffen, oder um andere zu schädigen, Urkunden, welche sie vermöge ihres Amtes in ihrer Gewahrsam haben, vernichten oder bei Seite schaffen, werden mit Zuchthaus von fünf bis zu funfzehn Jahren bestraft.

§ 234. (A. 238. § 324.)

Beamte, welche Gelder oder andere Sachen, die sie in amtlicher Eigenschaft empfangen oder in Gewahrsam haben, unterschlagen, werden mit Einschließung bis zu fünf Jahren bestraft.

§ 235. (A. 239. § 325.)

Sind in Beziehung auf eine Unterschlagung (§ 234) die zur Eintragung oder Kontrolle der Annahme oder Ausgabe bestimmten Rechnungen, Register oder Bücher unrichtig geführt, verfälscht oder unterdrückt, oder sind unrichtige Abschlüsse oder Auszüge aus diesen Rechnungen, Registern oder Büchern, oder unrichtige Beläge zu denselben vorgelegt, oder ist auf den Fässern, Beuteln oder Paketen der Geldinhalt fälschlich bezeichnet, so ist die Strafe Zuchthaus bis zu zehn Jahren.

§ 236. (A. 240. § 326.)

Beamte, welche Gebühren oder andere Vergütungen für amtliche Verrichtungen zu ihrem Vortheil erheben, von denen sie wissen, daß die Zahlenden sie gar nicht oder nur in geringerem Betrage zu leisten haben, werden mit Gefängniß bis zu Einem Jahre bestraft; es kann zugleich auf zeitige Untersagung der Ausübung der staatsbürgerlichen Rechte erkannt werden.

§ 237. (A. 241. § 327.)

Beamte, welche Steuern, Gebühren oder andere Abgaben für eine öffentliche Kasse zu erheben haben, werden, wenn sie Abgaben, welche der Zahlende gar nicht oder nur in geringerem Betrage zu leisten hatte, erheben und das rechtswidrig Erhobene ganz oder zum Theil vorsätzlich nicht in Annahme stellen, mit Gefängniß nicht unter zwei Monaten, sowie mit zeitiger Untersagung der Ausübung der staatsbürgerlichen Rechte bestraft.

Eine gleiche Strafe haben Beamte verwirkt, welche bei amtlichen Ausgaben von Geld oder Naturalien dem Empfänger vorsätzlich rechtswidrige Abzüge machen und dabei die Ausgabe als vollständig geleistet in Anrechnung stellen.

§ 238. (A. 242. § 328.)

Postbeamte, welche die der Post anvertrauten Briefe oder Pakete unbefugt eröffnen oder bei Seite schaffen, werden mit Gefängniß von drei Monaten bis zu zwei Jahren bestraft; auch kann gegen dieselben auf zeitige Untersagung der Ausübung der staatsbürgerlichen Rechte erkannt werden.

§ 239. (A. 243. § 329.)

Gerichtliche Anwalte oder andere öffentlich bestellte Rechtsbeistände, welche bei den ihnen vermöge ihrer amtlichen Eigenschaft anvertrauten Angelegenheiten vorsätzlich im Einverständniß mit der Gegenpartei zum Nachtheil ihrer Klienten handeln, werden mit Gefängniß nicht unter drei Monaten bestraft. Auch kann gegen dieselben auf zeitige Untersagung der Ausübung der staatsbürgerlichen Rechte erkannt werden.

§ 240. (A. 244. § 331.)

Die Vorschriften dieses Titels finden Anwendung auf alle öffentlichen Beamten, sie mögen im unmittelbaren oder mittelbaren Staatsdienst stehen oder vorläufig angestellt sein, den Diensteid schon geleistet haben oder nicht.

Nehmen Personen, welche keine Beamte sind, an einem der in diesem Titel bezeichneten Verbrechen oder Vergehen theil, so werden sie mit der für das Amtsverbrechen oder Amtsvergehen angedrohten Strafe belegt.

Sachregister.

Erklärung der Zeichen: Die Zahlen bedeuten die §§. = heißt, daß dies Delikt im Entwurf 1848 fehlt.

Neue Folge. Zweiter Band.

Heft 1. **Der Begriff des Wirkens.** Ein Beitrag zur strafrechtlichen Kausalitätslehre. Von Felix Genzmer. — **Die Ursachen der Kriminalität im Herzogtum Sachsen-Meiningen.** Von Dr. Walter Weidemann. 1903. 2 M.

Heft 2. **Kriminalstatistische Untersuchung der Kreise Marienwerder und Thorn.** Zugleich ein Beitrag zur Methodik kriminalstatistischer Untersuchungen. Von Bruno Blau. 2 M.

Heft 3. **Strafrechtspflege insbesondere Gefängniswesen in Ceylon.** Von Dr. jur. et phil. Ernst Rosenfeld. — **Der strafrechtliche Schutz des Geschäfts- und Betriebsgeheimnisses.** Von Dr. Eugen Friedlaender. 3 M.

Heft 4. **Das Koalitionsrecht der Arbeiter in Deutschland und seine Reformbedürftigkeit.** Von Dr. jur. Lorenz Brütt. 1903. 1 M. 80 Pf.

Heft 5. **Die Stellung des § 49a im System des Reichsstrafgesetzbuchs.** Von W. Häger. 1903. 2 M.

Neue Folge. Dritter Band.

Der untaugliche Versuch. Ein Beitrag zur Reform der Strafgesetzgebung. Von Ernst Delaquis. 1904. 7 M. 50 Pf.

Neue Folge. Vierter Band.

Heft 1. **Goblers Karolinen-Kommentar und seine Nachfolger.** Geschichte eines Buches. Von Dr. jur. Hermann U. Kantorowicz. 1904. 1 M. 80 Pf.

Heft 2. **Über die Vermögensstrafen des römischen Rechts.** Eine rechtshistorische Studie. Von Dr. Walter Lehmann. 1904. 1 M. 50 Pf.

Heft 3. **Zur Reform des Reichsstrafgesetzbuches.** (Allg. Teil.) Berichte über die Literatur der Jahre 1902—1904. Im Auftrage der kriminalpolitischen Sektion des kriminalistischen Seminars der Universität Berlin herausgegeben von Dr. Walter Lehmann. 1905. 3 M. 50 Pf.

Neue Folge. Fünfter Band.

Heft 1. **Die Kriminalität im Amtsbezirke Heidelberg.** Von Franz Dochow. 1906. 1 M. 50 Pf.

Heft 2. **Die Klassifikation der einzelnen strafbaren Handlungen.** Von Dr. Alexander Philipsborn. 1906. 3 M.

Heft 3. **Die symptomatische Bedeutung des verbrecherischen Verhaltens.** Ein Beitrag zur Wertungslehre im Strafrecht. Von Dr. Ottokar Tesař. 1907. 6 M.

Heft 4. **Die Grundbegriffe des Preßrechts.** Eine Studie zur Einführung in die preßrechtlichen Probleme. Von Dr. phil. et jur. Demetrius Gusti. 1908. 3 M. 50 Pf.

Neue Folge. Sechster Band.

Heft 1. **Die Majestätsbeleidigung** im geltenden deutschen Strafgesetz (Strafgesetzbuch vom 26. Februar 1876 — Gesetz vom 17. Februar 1908.) Von Siegfried Bleeck. 1909. 3 M.

Heft 2. **Die Chantage.** Ein Beitrag zur Reform der Strafgesetzgebung. Von Dr. Josef Reinhold. 1909. 3 M.

Heft 3. **Die Lehre von der Erpressung nach deutschem Recht.** Von Dr. Horst Kollmann. 1911. 5 M.

Heft 4. **Rudolf von Jhering und die Rechtswissenschaft.** Mit besonderer Berücksichtigung des Strafrechts. Von Dr. E. Hurwicz. 1911. 3 M. 50 Pf.

Neue Folge. Siebenter Band.

Heft 1. **Der erste Entwurf eines deutschen Einheitsstrafrechts.** 1. Die Verfasser des Entwurfs 1849. (Mit einem diplomatisch genauen Abdruck des Entwurfs.) Von Waldemar Banke. 1912. 3 M. 50 Pf.

Heft 2. **Der erste Entwurf eines deutschen Einheitsstrafrechts.** 2. Der Vorentwurf zum ersten deutschen Einheitsstrafrecht. (Mit erstmaliger Herausgabe des preußischen Entwurfs 1848) von Waldemar Banke. 1915.

Abhandlungen des kriminalistischen Instituts an der Universität Berlin. gr. 8°.

Dritte Folge. Erster Band.

Heft 1. **Die Theorie der Sicherungsmittel.** Von Dr. Franz Exner. 1914. 6 M.

Heft 2. **Die Kriminalpolitik Preußens unter Friedrich Wilhelm I. und Friedrich II.** Von Dr. Eberhard Schmidt. 1914. 2 M.

Heft 3. **Staatsidee und Strafrecht.** Eine historische Untersuchung. I. Teil. Das griechische Recht und die griechische Lehre bis Aristoteles von Dr. Ottokar Tesař, Privatdozent an der deutschen Universität in Prag. 1914. 6 M.

Heft 4. **Arbeitslosigkeit und Kriminalität.** Eine kriminologische Untersuchung von Adolf Löwe. 1914. 1 M. 50 Pf.

Dritte Folge. Zweiter Band.

Heft 1. **Die Ehre und ihre Verletzung.** Kritische Untersuchungen über Tatbestand und Rechtswidrigkeit der Beleidigung mit besonderer Rücksicht auf die deutsche Strafrechtsreform. Von Dr. Wilhelm Sauer. 1915. 6 M.

Heft 2. **Entwicklung und Vollzug der Freiheitsstrafe in Brandenburg-Preußen bis zum Ausgang des 18. Jahrhunderts.** Ein Beitrag zur Geschichte der Freiheitsstrafe von Dr. jur. Eberhard Schmidt. 1915. 2.80 M.

Druck von Georg Reimer in Berlin W. 10.

Kolibri 360 GmbH
Ferdinand-Jühlke-Straße 7
99095 Erfurt, Deutschland
produktsicherheit@kolibri360.de